Sammlung
Außerdeutscher Strafgesetzbücher

Herausgegeben von den Schriftleitungen

der

Zeitschrift für die gesamte Strafrechtswissenschaft

und der

Mitteilungen der Internationalen Kriminalistischen Vereinigung

XLIV.

Japanische Strafgesetze

Berlin und Leipzig 1927

Walter de Gruyter & Co.

**vormals G. J. Göschen'sche Verlagshandlung — J. Guttentag, Verlagsbuchhandlung
Georg Reimer — Karl J. Trübner — Veit & Comp.**

Japanische Strafgesetze

I.

Schwurgerichtsordnung vom 18. April 1923

und strafrechtliche Nebengesetze

übersetzt von

Hyoichiro Kusano
Reichsgerichtsrat in Tokio

Tadao Sugiura
Oberlandesgerichtsrat in Sapporo

Dr. jur. Fritz Bartelt
in Berlin

II.

Strafvollzugsgesetz vom 28. März 1908

nebst Ausführungsverordnung vom 16. Juni 1908

übersetzt von

Dr. jur. Toshita Tokiwa
Gerichtsassessor in Tokio

Dr. jur. Werner Gentz
Justizrat beim Strafvollzugsamt in Kiel

Mit 6 Abbildungen

Berlin und Leipzig 1927

Walter de Gruyter & Co.

vormals G. J. Göschen'sche Verlagshandlung — J. Guttentag, Verlagsbuchhandlung
Georg Reimer — Karl J. Trübner — Veit & Comp.

Druck von Walter de Gruyter & Co., Berlin W 10

Nach Überwindung nicht unerheblicher Schwierigkeiten wird nunmehr auch die Reihe der ins Deutsche übersetzten außerdeutschen Strafgesetzbücher fortgesetzt. Der Dank dafür, daß dies möglich ist, gebührt zunächst den Stellen, welche die finanzielle Grundlage geschaffen haben, wie auch dem Reichsjustizministerium, dessen Fürsprache hierbei wohl entscheidend war. Er gebührt ganz besonders den Übersetzern für ihre überaus mühevolle Arbeit. Möge dies Heft den Fachgenossen in Japan einen Gruß bedeuten aus dem Land, in das sie kamen, um zu sehen und zu lernen, dem sie aber auch reiche Anregung brachten!

Berlin, im Mai 1927

Kohlrausch.

Inhalt

Abbildungen

1. Schwurgerichtsordnung vom 18. April 1923.

Inhalt.

1. Abschnitt.

Allgemeine Bestimmungen.

§ 1. Das Gericht trifft nach Maßgabe dieses Gesetzes die tatsächlichen Entscheidungen in Strafsachen unter Mitwirkung der Geschworenen.

§ 2. In Strafsachen, die mit Todesstrafe, lebenslänglichem Zuchthaus oder mit lebenslänglichem Gefängnis bedrohte Straftaten betreffen, werden dem Gerichte Geschworene beigeordnet.

§ 3. In Strafsachen, die mit zeitigem Zuchthaus oder Gefängnis über drei Jahre bedrohte, zur Zuständigkeit der Landgerichte gehörige Straftaten betreffen, werden dem Gerichte auf Antrag des Angeklagten Geschworene beigeordnet.

§ 4. Das Gericht entscheidet jedoch in den Fällen der §§ 2 und 3 ohne Geschworene, wenn es sich handelt:

1. um Straftaten, die zur Zuständigkeit des Reichsgerichts gehören[1]);

---

[1]) § 50 des Gerichtsverfassungsgesetzes lautet:
Das Reichsgericht ist zuständig für folgende Sachen:
1. ...
2. als erste und letzte Instanz für die Untersuchung und Entscheidung der Straftaten der §§ 73, 75 (gefahrbringende Handlungen gegen den Kaiser oder Mitglieder der kaiserlichen Familie), §§ 77, 78, 79 (Hochverrat) des Strafgesetzbuches, sowie die strenger als mit Gefängnis bedrohten Straftaten, sofern sie von Mitgliedern der kaiserlichen Familie begangen sind.

2. um die Straftaten des ersten bis vierten Abschnitts sowie des achten Abschnitts des zweiten Teils des Strafgesetzbuches [1]);
3. um die Straftaten des Gesetzes betreffend den Schutz militärischer Geheimnisse, des Militärstrafgesetzbuches, des Marinestrafgesetzbuches, s wie die übrigen Straftaten, die sich auf Verletzung militärischer Geheimnisse beziehen;
4. um die Straftaten der Gesetze, die die Wahlen in öffentlichen Angelegenheiten regeln.

§ 5. Der Antrag gemäß § 3 kann nur bis zum Beginn der Hauptverhandlung gestellt werden, jedoch nicht nach Ablauf von zehn Tagen nach Zustellung der Ladung zum ersten Termin zur Hauptverhandlung.

§ 6. Der Angeklagte kann bis zum Anfangsvortrag der Staatsanwaltschaft in jedem Stadium des Verfahrens die Beiordnung der Geschworenen ablehnen oder den nach § 3 erfolgten Antrag zurücknehmen.

Im Falle des Abs. 1 darf das Gericht die Beteiligung der Geschworenen am weitern Fortgang des Prozesses nicht zulassen.

§ 7. Gesteht der Angeklagte die ihm zur Last gelegte Tat vor Eröffnung des Hauptverfahrens ein, so tritt eine Beiordnung der Geschworenen nicht ein. Erfolgt das Geständnis im Hauptverfahren, so findet eine weitere Beteiligung der Geschworenen nur statt, wenn ein Geständnis Mitangeklagter nicht vorliegt.

§ 8. Ist nach den örtlichen Verhältnissen eine Gefährdung der Unparteilichkeit der Geschworenen zu besorgen, so kann die Staatsanwaltschaft bei dem nächst höheren Gericht den Antrag stellen, ein anderes Gericht für zuständig zu erklären.

Im Falle, daß der Antrag gemäß Abs. 1 nach dem Beginn des Hauptverfahrens gestellt wird, muß das Verfahren eingestellt werden.

§ 9. Der Antrag gemäß § 8 Abs. 1 muß mit schriftlicher Begründung bei dem zuständigen höheren Gerichte gestellt werden.

Die Einreichung des Schriftsatzes gemäß Abs. 1 hat durch Vermittlung der Staatsanwaltschaft des zuständigen höheren Gerichtes zu erfolgen.

Hat die Staatsanwaltschaft den Antrag auf Bestimmung der Zuständigkeit durch das höhere Gericht gemäß § 8 Abs. 1 nach dem Beginn des Hauptverfahrens gestellt, so muß sie dem Gerichte davon Mitteilung machen und dem Angeklagten eine Abschrift des Antrages nebst Begründung zustellen.

Der Angeklagte kann innerhalb drei Tagen nach Zustellung der Abschrift einen Schriftsatz einreichen, in dem er seine Ansicht darlegt.

---

[1]) Vgl. Strafgesetzbuch, zweiter Teil,
1. Abschnitt: Straftaten gegen die kaiserliche Familie.
2. Abschnitt: Hochverrat.
3. Abschnitt: Landesverrat.
4. Abschnitt: Feindliche Handlungen gegen befreundete Staaten.
8. Abschnitt: Zusammenrottung und Auflauf.

Das zuständige Gericht faßt nach Anhören seiner Staatsanwaltschaft über den Antrag Beschluß.

§ 10. Hat die Staatsanwaltschaft den Antrag auf Bestimmung der Zuständigkeit eines anderen Gerichts durch das höhere Gericht gestellt, so kann der Angeklagte bis zum Beschluß über den Antrag die Beiordnung der Geschworenen ablehnen oder den nach § 3 erfolgten Antrag auch nach dem Anfangsvortrag der Staatsanwaltschaft zurücknehmen.

Im Falle, daß das Gericht die Mitwirkung der Geschworenen nicht mehr zulassen darf, weil der Angeklagte die Beiordnung der Geschworenen ablehnt oder den nach § 3 erfolgten Antrag zurücknimmt, gilt der Antrag der Staatsanwaltschaft auf Bestimmung der Zuständigkeit eines anderen Gerichts als zurückgenommen.

Das Gleiche gilt für denjenigen der Mitangeklagten, der die Beiordnung der Geschworenen ablehnt oder den nach § 3 erfolgten Antrag zurücknimmt.

§ 11. Die auf ein Rechtsmittel angerufenen Gerichte entscheiden ohne Geschworene.

2. Abschnitt.

Die Geschworenen und die Bildung der Geschworenenbank.

§ 12. Zu Geschworenen sind nur zu berufen:

1. Männliche Saatsangehörige, die das dreißigste Lebensjahr vollendet haben.
2. Personen, die in Shi (Stadtkreis), Cho (Stadtgemeinde) oder Son (Landgemeinde), in der sie Geschworener werden sollen, wenigstens zwei Jahre ununterbrochen ihren Wohnsitz haben.
3. Personen, die wenigstens zwei Jahre ununterbrochen direkte Reichssteuern über die Summe von drei Yen bezahlen.
4. Personen, die japanisch lesen und schreiben können.

Für die in Nr. 2 und 3 des Abs. 1 erwähnten Voraussetzungen ist der jeweilige Stand vom 1. September des Jahres maßgebend.

§ 13. Zu dem Amte eines Geschworenen sind unfähig:

1. Entmündigte.
2. Quasientmündigte.
3. Bankerotteure, solange sie ihre Rehabilitation noch nicht erlangt haben.
4. Taube, Stumme und Blinde.
5. Personen, die mit Zuchthaus oder mit Gefängnis nicht unter sechs Jahren nach dem geltenden Strafgesetzbuch, mit der Strafe für Verbrechen oder mit schwerem Gefängnis nach dem alten Strafgesetzbuch bestraft sind.

§ 14. Die Stellung eines Geschworenen dürfen nicht einnehmen:

1. Minister.
2. Im Amte befindliche richterliche Beamte, Beamte der Staatsanwaltschaft, militärauditorische und marineauditorische Beamte,

3. Im Amte befindliche Verwaltungsgerichtsdirektoren und Verwaltungsgerichtsräte.
4. Im Amte befindliche Hofbeamte.
5. Aktive Angehörige des Heeres und der Marine.
6. Im Amte befindliche Leiter der Provinzialbehörden (Gouverneure), Kreisamtsmänner, Statthalter der Inseln und die Leiter der dezentralisierten Provinzialbehörden.
7. Im Amte befindliche Polizeibeamte.
8. Im Amte befindliche Beamte der Strafanstalten.
9. Im Amte befindliche Kanzleidirektoren und Gerichtsschreiber.
10. Im Amte befindliche Beamte der Steuer-, Zoll- und Monopolbehörden.
11. Die eine Tätigkeit im Post-, Telegraphen-, Telephon-, Eisenbahn- und Bahnbetriebe ausübenden Personon, sewie diejenigen Personen, die eine höhere Stellung auf einem Schiffe bekleiden.
12. Shicho (Bürgermeister), Chocho (Vorsteher einer Stadtgemeinde) und Soncho (Vorsteher einer Landgemeinde).
13. Rechtsanwälte und Patentanwälte.
14. Notare, gerichtliche Vollstreckungsbeamte und öffentliche Schreiber.
15. Shintobeamte, Shintopriester, Buddhistenpriester und die übrigen Religionsdiener.
16. Ärzte, Zahnärzte und Apotheker.
17. Studenten und Schüler.

§ 15. Ein Geschworener ist von der Ausübung seines Amtes kraft Gesetzes ausgeschlossen:

1. wenn er selbst der durch die strafbare Handlung Verletzte ist,
2. wenn er selbst bei der Privatklage beteiligt ist,
3. wenn er mit dem Angeklagten, mit dem Verletzten oder mit dem bei der Privatklage Beteiligten verwandt ist oder verwandt war,
4. wenn er das Oberhaupt oder ein Angehöriger derjenigen Familie ist, der der Angeklagte, der Verletzte oder der bei der Privatklage Beteiligte angehört,
5. wenn er der gesetzliche Vertreter des Angeklagten, Verletzten oder bei der Privatklage Beteiligten ist, deren Vormundschaftsaufseher oder Beistand im Falle der Quasientmündigung ist,
6. wenn er bei dem Angeklagten, dem Verletzten oder dem bei der Privatklage Beteiligten wohnt oder wenn er der Bedienstete derselben ist,
7. wenn er die Anzeige von der strafbaren Handlung erstattet hat,
8. wenn er in der Sache als Zeuge oder Sachverständiger vernommen ist,
9. wenn er in der Sache als Vertreter, Verteidiger oder Beistand des Angeklagten oder als Vertreter des bei der Privatklage Beteiligten tätig gewesen ist,

10. wenn er in der Sache als Richter, Staatsanwalt, höherer Polizeibeamter oder Geschworener mitgewirkt hat.

§ 16. Die Berufung zum Amte eines Geschworenen dürfen ablehnen:

1. Personen, die das sechzigste Lebensjahr vollendet haben,
2. die im Amte befindlichen Staatsbeamten, Kommunalbeamten und Lehrer,
3. Mitglieder des Oberhauses, des Unterhauses und der Versammlungen von Körperschaften des öffentlichen Rechts für die Dauer der Sitzungsperiode.

§ 17. Der Vorsteher eines jeden Shi, Cho und Son hat alljährlich ein Verzeichnis derjenigen Personen aufzustellen, die in der Gemeinde wohnen und zu dem Geschworenenamte gemäß dem jeweiligen Stand vom 1. September des Jahres berufen werden können (Urliste).

In der Urliste ist Name, Stand, Beruf, Wohnort, Tag der Geburt sowie die Steuersumme einzutragen.

Der Vorsteher der Shi, Cho und Son hat eine Abschrift der Urliste anzufertigen und sie an den Amtsrichter des Bezirkes zu übersenden.

§ 18. Der Vorsteher der Shi, Cho und Son hat die Urliste vom 1. Oktober eines jeden Jahres an eine Woche lang in der Behörde zu jedermanns Einsicht auszulegen.

§ 19. Wer in der Urliste gesetzwidrig eingetragen ist, kann innerhalb der Frist zur Einsichtnahme sowie der anschließenden Woche Einsprache bei dem Vorsteher der Shi, Cho und Son erheben.

Das Gleiche gilt für denjenigen, der in der Urliste gesetzwidrig nicht eingetragen ist.

Die Einsprache ist schriftlich zu erheben; auch ist der Grund glaubhaft zu machen.

§ 20. Hält der Vorsteher der Shi, Cho und Son die Einsprache gemäß § 19 Abs. 1 oder 2 für begründet, so hat er die Urliste entsprechend abzuändern und den zuständigen Amtsrichter sowie denjenigen, der die Einsprache erhoben hat, davon zu benachrichtigen.

Erachtet er dagegen die Einsprache für unbegründet, so hat er unverzüglich die Einsprache dem zuständigen Amtsrichter unter Darlegung seiner Ansicht weiterzureichen.

§ 21. Hält der Amtsrichter die Einsprache des § 20 Abs. 2 für unbegründet, so hat er den Vorsteher der Shi, Cho und Son sowie denjenigen, der die Einsprache erhoben hat, davon zu benachrichtigen. Erscheint dem Amtsrichter die Einsprache dagegen begründet, so ordnet er entsprechende Abänderung der Urliste an und gibt demjenigen, der die Einsprache erhoben hat, davon Nachricht.

Die Benachrichtigungen des Abs. 1 müssen innerhalb zwanzig Tagen nach Übersendung der Einsprache an den Amtsrichter erfolgen.

§ 22. Der Landgerichtspräsident hat bis zum 1. September eines jeden Jahres die erforderliche Zahl von Geschworenen für das folgende

Jahr zu bestimmen, sie auf die Shi, Cho und Son des Bezirkes zu verteilen und die Vorsteher der Shi, Cho und Son davon zu benachrichtigen.

§ 23. Empfangen die Vorsteher der Shi, Cho und Son die Benachrichtigung des § 22, so haben sie Geschworenenkandidaten in der ihnen nach § 22 zugeteilten Zahl aus der Urliste, die in den Fällen der §§ 20 und 21 abgeändert ist, durch das Los auszuwählen und die Namen der Geschworenenkandidaten auf eine Liste zu setzen (Hauptliste).

Die Ziehung des Loses gemäß Abs. 1 soll in Gegenwart von mindestens drei Personen, welche zu Geschworenen berufen werden können, stattfinden.

Die Vorschriften des § 17 Abs. 2 und 3 finden auf die Hauptliste entsprechende Anwendung.

§ 24. Bei der Auswahl der Geschworenenkandidaten führt der Amtsrichter die Aufsicht über die Vorsteher der Shi, Cho und Son.

Hierbei kann er ihnen erforderlichenfalls Anweisungen erteilen.

§ 25. Der Vorsteher der Shi, Cho und Son hat bis zum 30. November eines jeden Jahres die Hauptliste dem Präsidenten des zuständigen Landgerichts einzureichen.

Er hat ferner den in der Hauptliste Eingetragenen die erfolgte Eintragung mitzuteilen sowie ihre Namen bekannt zu machen.

§ 26. Ist nach der gemäß § 25 Abs. 1 erfolgten Einreichung der Hauptliste durch den Vorsteher der Shi, Cho und Son der Tod, der Verlust der Staatsangehörigkeit eines Geschworenenkandidaten oder ein Hindernis für das Geschworenenamt nach §§ 13 oder 14 eingetreten, so hat der Vorsteher dies unverzüglich dem Präsidenten des zuständigen Landgerichts mitzuteilen.

§ 27. Ist für eine Sache, in der dem Gericht Geschworene beizuordnen sind, Termin zur Hauptverhandlung anberaumt worden, so hat der Landgerichtspräsident von den Hauptlisten nach einer im voraus bestimmten Reihenfolge der Shi, Cho und Son durch das Los soviele Geschworene auszuwählen, bis deren Zahl sechsunddreißig beträgt.

Die Auslosung gemäß Abs. 1 erfolgt unter Zuziehung eines Gerichtsschreibers.

§ 28. Wer auf Grund einer Ladung als Geschworener erschienen ist, soll in demselben Geschäftsjahr abermals als Geschworener nur berufen werden, wenn bereits dreiviertel aller in der Hauptliste eingetragenen Personen auf eine Ladung erschienen sind.

§ 29. Die Geschworenenbank besteht aus zwölf Geschworenen.

§ 30. Die Geschworenenbank muß vom Anfangsvortrag der Staatsanwaltschaft bis zur Verlesung des Spruchs der Geschworenen durch den Gerichtsschreiber aus denselben Geschworenen bestehen.

§ 31. Ist der Vorsitzende der Ansicht, daß eine Verhandlung voraussichtlich länger als einen Tag in Anspruch nehmen wird, so kann er außer den zwölf Geschworenen einen oder mehrere Ersatzgeschworene der Verhandlung beiwohnen lassen.

Falls ein Mitglied der Geschworenenbank aus Krankheit oder aus anderen Gründen an der Ausübung seines Amtes verhindert ist, tritt ein Ersatzgeschworener an seine Stelle.

Sind mehrere Ersatzgeschworene vorhanden, so treten sie gemäß der nach § 65 durch das Los bestimmten Reihenfolge ein.

§ 32. Stehen an demselben Tage mehrere Termine zur Hauptverhandlung an, so kann die Besetzung der Geschworenenbank für alle Termine des Tages dieselbe bleiben. Doch muß in diesem Falle die Bildung der Geschworenenbank für alle Verhandlungen des Tages bei derjenigen für die erste Verhandlung stattgefunden haben.

§ 33. Die Besetzung der Geschworenenbank bleibt für die jeweils folgende Verhandlung des Tages unverändert, es sei denn, daß die Staatsanwaltschaft oder der Angeklagte dagegen Einspruch erhebt.

§ 34. Jedem Geschworenen wird nach Maßgabe von Vorschriften, die auf dem Verordnungswege erlassen werden, Erstattung der Reisekosten, Tagegeld (Entschädigung für Zeitversäumnis) sowie Erstattung der Aufenthaltskosten gewährt.

3. Abschnitt.

Verfahren vor dem Schwurgericht.

1. Kapitel: Vorbereitung der Hauptverhandlung.

§ 35. In einer Sache, in der dem Gericht Geschworene beizuordnen sind, wird von dem Vorsitzenden Termin zur Vorbereitung der Hauptverhandlung anberaumt.

§ 36. Hat der Angeklagte bis zum Termin zur Vorbereitung der Hauptverhandlung noch keinen Verteidiger gewählt, so hat der Vorsitzende ihm einen solchen aus der Zahl der am Sitze des Gerichts wohnhaften Rechtsanwälte zu bestellen.

Der Vorsitzende kann denselben Rechtsanwalt für mehrere Mitangeklagte bestellen, sofern es ihren Interessen nicht widerstreitet.

§ 37. Zum Termin zur Vorbereitung der Hauptverhandlung sind der Angeklagte und sein Verteidiger zu laden.

Von dem Termin ist die Staatsanwaltschaft zu benachrichtigen.

§ 38. Zwischen der Zustellung der Ladung und dem Termin zur Vorbereitung der Hauptverhandlung muß eine Frist von mindestens fünf Tagen liegen.

§ 39. Sind dem Gericht, nachdem Termin zur Hauptverhandlung anberaumt ist, auf Antrag des Angeklagten Geschworene beizuordnen, so gilt der Termin zur Hauptverhandlung als Termin zur Vorbereitung der Hauptverhandlung.

§ 40. Die Verhandlung am Termin zur Vorbereitung der Hauptverhandlung erfolgt in Gegenwart der gesetzlichen Anzahl Richter sowie der Staatsanwaltschaft und eines Gerichtsschreibers.

Am Termin zur Vorbereitung der Hauptverhandlung erfolgt die Verhandlung nicht ohne Anwesenheit des Verteidigers. Sind mehrere Verteidiger vorhanden, so genügt die Anwesenheit eines von ihnen.

Die Verhandlung am Termin zur Vorbereitung der Hauptverhandlung ist nicht öffentlich.

§ 41. Sind in einer Sache dem Gericht gemäß § 2 Geschworene beizuordnen, so hat der Vorsitzende den Angeklagten darüber zu belehren, daß er die Beiordnung der Geschworenen ablehnen kann.

§ 42. Am Termin zur Vorbereitung der Hauptverhandlung hat der Vorsitzende den erschienenen Angeklagten über die ihm zur Last gelegte Tat zu vernehmen.

Die beisitzenden Richter können nach Ankündigung an den Vorsitzenden Fragen an den Angeklagten stellen.

Die Staatsanwaltschaft und der Verteidiger können auf ihr Verlangen Fragen an den Angeklagten stellen, nachdem es ihnen vom Vorsitzenden gestattet worden ist.

§ 43. Am Termin zur Vorbereitung der Hauptverhandlung hat das Gericht über die erforderliche Beweisaufnahme Beschluß zu fassen.

Die Staatsanwaltschaft, der Angeklagte und der Verteidiger können Anträge betreffend Ladung der Zeugen und Sachverständigen, Einnahme eines richterlichen Augenscheins sowie Herbeischaffung von Urkunden und anderen Beweismitteln stellen.

Ist ein Antrag nach Abs. 2 abzulehnen, so hat das Gericht darüber Beschluß zu fassen.

§ 44. Der Gerichtsschreiber hat ein Protokoll über alles, was sich im Laufe der Vorbereitung der Hauptverhandlung ereignet, zu führen, insbesondere die Vernehmung des Angeklagten, die Anträge der Staatsanwaltschaft, des Angeklagten sowie des Verteidigers und die Entscheidungen des Gerichts aufzunehmen.

§ 45. Im Protokoll gemäß § 44 müssen ferner die Strafsache, die Namen der Angeklagten und anwesenden Verteidiger, das Gericht, vor dem das Verfahren stattfindet, das Datum des Termins zur Vorbereitung der Hauptverhandlung sowie Amtstitel und Namen des Vorsitzenden, der beisitzenden Richter, des Staatsanwalts und des Gerichtsschreibers enthalten sein; im Falle des Ausbleibens des Angeklagten ist dies zu vermerken.

§ 46. Das Protokoll soll innerhalb drei Tagen nach dem Termin abgeschlossen und vom Vorsitzenden und Gerichtsschreiber unterschrieben und gesiegelt werden.

Der Vorsitzende soll vor seiner Unterschrift und Aufdrücken des Siegels das Protokoll prüfen und erforderlichenfalls Bemerkungen anfügen.

§ 47. Die Staatsanwaltschaft, der Angeklagte sowie der Verteidiger können den Antrag gemäß § 43 Abs. 2 auch vor dem Termin zur Vorbereitung der Hauptverhandlung stellen, nach diesem aber nur bis spätestens sieben Tage vor dem Termin zur Hauptverhandlung.

In diesem Falle findet die Vorschrift des § 43 Abs. 3 entsprechende Anwendung.

§ 48. Im Falle, daß das Gericht außerhalb des Termins zur Vorbereitung der Hauptverhandlung Beschluß über die Beweisaufnahme faßt, sind die Staatsanwaltschaft, der Angeklagte sowie der Verteidiger davon zu benachrichtigen.

§ 49. Findet die Vernehmung der Zeugen oder der Sachverständigen außerhalb des Termins zur Vorbereitung der Hauptverhandlung statt, so kann der Angeklagte dabei zugegen sein.

Im Falle, daß das Verfahren des Abs. 1 außerhalb der Gerichtsstelle stattfindet, hat der nicht auf freiem Fuße befindliche Angeklagte kein Recht auf Anwesenheit, kann jedoch vom Gericht erforderlichenfalls hinzugezogen werden.

§ 50. Von Zeit und Ort des Verfahrens des § 49 Abs. 1 ist der Angeklagte im voraus zu benachrichtigen, es sei denn, daß Gefahr im Verzuge obwaltet.

§ 51. Tritt während der Vorbereitung der Hauptverhandlung ein Grund ein, der eine Beiordnung des Geschworenen ausschließt, so findet das gewöhnliche Verfahren statt.

Tritt der im Abs. 1 bezeichnete Grund am Termin zur Vorbereitung der Hauptverhandlung ein, so gilt der Termin als Termin zur Hauptverhandlung, es sei denn, daß einer der Prozeßbeteiligten nicht anwesend ist.

§ 52. Der Angeklagte kann am Termin zur Vorbereitung der Hauptverhandlung die Unzuständigkeit einwenden.

Die Einwendung des Abs. 1 ist bei denjenigen Strafsachen, denen eine Voruntersuchung vorangegangen ist, nur in dem Falle zulässig, daß der Angeklagte gegen den Untersuchungsrichter die Unzuständigkeit eingewandt hat.

§ 53. Erachtet das Gericht am Termin zur Vorbereitung der Hauptverhandlung einen Grund für die Verwerfung der öffentlichen Klage oder für die Annahme der Unzuständigkeit als vorliegend, so hat es Beschluß darüber zu fassen.

§ 54. Erachtet das Gericht am Termin zur Vorbereitung der Hauptverhandlung einen Grund für die Befreiung vom Prozeß [1]) als vorliegend, so hat es Beschluß darüber zu fassen.

---

[1]) Vgl. § 363 StPO.

Durch Urteil wird auf Befreiung vom Prozeß in folgenden Fällen erkannt:

1. wenn die Sache bereits durch rechtskräftiges Urteil entschieden ist,
2. wenn das anzuwendende Strafgesetz nach Begehung der Tat aufgehoben ist,
3. im Falle Amnestieerlasses,
4. im Falle der Verjährung.

Nach Rechtskraft des Beschlusses gemäß Abs. 1 kann wegen derselben Tat nicht abermals Anklage erhoben werden.

§ 55. Die Beschlüsse der §§ 53 und 54 sind nach Anhören der Prozeßbeteiligten zu fassen.

Gegen die Beschlüsse findet das Rechtsmittel der sofortigen Beschwerde statt.

§ 56. Im Falle der §§ 51 oder 53 verliert das Verfahren, welches während der Vorbereitung der Hauptverhandlung geführt worden ist, seine Rechtswirksamkeit nicht.

§ 57. Zum Termin zur Hauptverhandlung sind die gemäß § 27 ausgewählten Geschworenen zu laden.

Die Vorschrift des § 38 findet im Falle des Abs. 1 entsprechende Anwendung.

§ 58. Die Ladung der Geschworenen soll Datum und Ort ihres Erscheinens sowie einen Hinweis auf die Möglichkeit einer Verurteilung zu Geldstrafe für den Fall des Ausbleibens enthalten.

§ 59. Ein Geschworener, der wegen Krankheit oder eines anderen unabwendbaren Zufalls nicht vor Gericht erscheinen kann, kann von dem Amt zurücktreten. In diesem Fall ist der Grund schriftlich glaubhaft zu machen.

2. Kapitel: Verfahren und Entscheidung in der Hauptverhandlung.

§ 60. Das Verfahren der Bildung der Geschworenenbank erfolgt in Gegenwart der Richter, der Staatsanwaltschaft, des Gerichtsschreibers, des Angeklagten, des Verteidigers und der Geschworenen im Sitzungssaal.

Das Verfahren des Abs. 1 ist nicht öffentlich.

§ 61. Zum Verfahren des § 60 Abs. 1 kann nur dann geschritten werden, wenn die Zahl der erschienenen Geschworenen mindestens vierundzwanzig beträgt.

Beträgt die Zahl der erschienenen Geschworenen nicht vierundzwanzig, so hat der Vorsitzende zur Ergänzung die erforderliche Zahl derselben durch das Los aus der Hauptliste des Sitzes des Gerichts oder einer der benachbarten Shi, Cho oder Son zu wählen und sie in angemessener Weise zu laden.

Der Ziehung des Loses gemäß Abs. 2 ist der Gerichtsschreiber hinzuzuziehen.

§ 62. Beträgt die Zahl der erschienenen Geschworenen mindestens vierundzwanzig, so hat der Vorsitzende der Staatsanwaltschaft sowie dem Angeklagten ein Verzeichnis des Namens, Berufs und Wohnorts der Geschworenen vorzulegen und zu fragen, ob darin Namen von Personen stehen, die von der Ausübung des Geschworenenamtes kraft Gesetzes ausgeschlossen sind.

Der Vorsitzende hat den Geschworenen den Namen, Beruf und Wohnort des Angeklagten bekannt zu geben und zu fragen, ob ein Ausschließungsgrund vorliegt oder nicht.

Falls die Staatsanwaltschaft, der Angeklagte oder die Geschworenen einen Ausschließungsgrund als vorliegend erachten, sollen sie die Ausschließung beantragen.

Erachtet das Gericht den Ausschließungsgrund als vorliegend, so hat es darüber Beschluß zu fassen.

§ 63. Ist ein erschienener Geschworener gemäß §§ 12 bis 14 zum Geschworenenamte nicht berechtigt, so hat das Gericht darüber Beschluß zu fassen.

§ 64. Von den Geschworenen, soweit sie die Zahl der die Geschworenenbank bildenden (Hauptgeschworenen) und der Ersatzgeschworenen übersteigen, kann die Staatsanwaltschaft die eine, der Angeklagte die andere Hälfte ablehnen. Ist die Zahl der Geschworenen, die abgelehnt werden können, eine ungerade, so hat der Angeklagte das Recht, einen Geschworenen mehr abzulehnen.

Sind mehrere Angeklagte vorhanden, so üben sie ihr Ablehnungsrecht gemeinschaftlich aus. Stimmen sie über die Art der gemeinschaftlichen Ausübung nicht überein, so entscheidet der Vorsitzende über die Art der Ausübung ihres Ablehnungsrechts.

§ 65. Der Vorsitzende legt Zettel mit der Aufschrift der Namen der Geschworenen in eine Urne und gibt die der Staatsanwaltschaft so wie dem Angeklagten zukommende Zahl von Ablehnungen bekannt.

Der Vorsitzende zieht hierauf die Namenzettel einzeln aus der Urne und verliest sie.

Sobald ein Name verlesen ist, hat zunächst die Staatsanwaltschaft und sodann der Angeklagte das Recht, die Annahme oder Ablehnung zu erklären.

Die Angabe eines Grundes für die Ablehnung ist unstatthaft.

Ist eine Erklärung bis zur Entnahme des nächstfolgenden Zettels aus der Urne nicht erfolgt, so gilt dies als Annahme. Das Gleiche gilt, falls eine Erklärung nicht erfolgt ist, bis die gesamte Ziehung vom Vorsitzenden für beendet erklärt ist.

Die Erklärung kann nicht zurückgenommen werden, nachdem der nächstfolgende Namenzettel gezogen ist. Das Gleiche gilt im Falle, daß die gesamte Ziehung vom Vorsitzenden für beendet erklärt ist.

§ 66. Sobald die Hauptgeschworenen und Ersatzgeschworenen auf Grund des Verfahrens des § 65 die erforderliche Anzahl erreicht haben, hat der Vorsitzende die gesamte Ziehung für beendet zu erklären.

§ 67. Die ersten zwölf der ausgelosten Personen bilden die Geschworenenbank; die übrigen haben die Stellung von Ersatzgeschworenen.

§ 68. Die Geschworenen nehmen ihre Sitze in der Reihenfolge ein, in welcher ihre Namen gemäß § 65 aus der Urne gezogen worden sind.

§ 69. Der Vorsitzende hat vor dem Anfangsvortrag der Staatsanwaltschaft die Geschworenen über ihre Tätigkeit zu belehren und alsdann zu beeidigen.

Die Beeidigung erfolgt vermittels einer Eidesschrift.

Die Eidesschrift enthält den Eid, daß der Geschworene nach bestem Gewissen seine Pflicht unparteiisch und getreulich erfüllen werde.

Der Vorsitzende soll sich erheben und hat die Eidesschrift zu verlesen und von jedem Geschworenen unterzeichnen und siegeln zu lassen.

§ 70. Der Vorsitzende kann durch einen der beisitzenden Richter den Angeklagten vernehmen und Beweise erheben lassen.

Die Geschworenen können auf ihr Verlangen Fragen an den Angeklagten, an die Zeugen, Sachverständigen, Dolmetscher und Übersetzer stellen, nachdem es ihnen vom Vorsitzenden gestattet worden ist.

§ 71. Das Gericht kann nur auf Grund derjenigen Beweise den Prozeß entscheiden, die es unmittelbar erhoben hat, soweit nicht ein anderes bestimmt ist.

§ 72. Von Schriftstücken und bildlichen oder zeichnerischen Darstellungen dürfen als Beweismittel benutzt werden:

1. Protokolle über die Vernehmung von Zeugen im Verfahren der Vorbereitung der Hauptverhandlung;
2. Protokolle über die Einnahme eines richterlichen Augenscheins, über Beschlagnahmen und Durchsuchungen, sowie die die Protokolle ergänzenden Schriftstücke und Darstellungen;
3. von Beamten, die eine besondere Pflicht zur Beurkundung von Tatsachen haben, innerhalb der Grenzen ihrer Amtsbefugnisse ausgestellte Urkunden;
4. von ausländischen Beamten, die eine besondere Pflicht zur Beurkundung von Tatsachen haben, innerhalb der Grenzen ihrer Amtsbefugnisse ausgestellte Urkunden, die als echt beglaubigt sind;
5. schriftliche Sachverständigengutachten, Protokolle über die Vernehmung von Sachverständigen sowie die ergänzenden Schriftstücke und Darstellungen.

§ 73. Protokolle über eine Vernehmung sowie die die Protokolle ergänzenden Schriftstücke und bildlichen oder zeichnerischen Darstellungen, die ein Gericht, der Untersuchungsrichter, der beauftragte Richter, der ersuchte Richter, die staatliche Behörde, der auf Grund Gesetzes eine Sondergerichtsbarkeit zusteht, die Staatsanwaltschaft, ein höherer Kriminalpolizeibeamter oder die ausländische staatliche Behörde, welche zur Rechtshilfe verpflichtet ist, ausgestellt haben, dürfen nur in folgenden Fällen als Beweismittel benutzt werden:

1. wenn ein Mitbeschuldigter oder Zeuge gestorben ist oder wegen Krankheit oder aus anderen Gründen nicht geladen werden konnte;
2. wenn ein in der Hauptverhandlung vernommener Angeklagter oder Zeuge in wesentlichen Punkten von seiner außerhalb der Hauptverhandlung gemachten Aussage abweicht;
3. wenn ein Angeklagter oder Zeuge in der Sitzung die Aussage verweigert.

§ 74. Außer den Fällen der §§ 72 und 73 dürfen diejenigen Protokolle über eine Vernehmung des Angeklagten oder einer anderen Person sowie diejenigen Schriftstücke und bildlichen oder zeichnerischen Darstellungen, die aus einer anderen als der rechtshängigen Sache herrühren, nur in den Fällen als Beweismittel benutzt werden, daß der Vernommene oder der Urheber gestorben ist oder wegen Krankheit oder aus anderen Gründen nicht geladen werden konnte.

§ 75. Schriftstücke und Darstellungen, die nach §§ 72—74 als Beweismittel nicht benutzt werden dürfen, können als Beweismittel benutzt werden, wenn die Prozeßbeteiligten damit einverstanden sind.

§ 76. Nach dem Schlusse der Beweisaufnahme erhalten die Staatsanwaltschaft, der Angeklagte und der Verteidiger nur über die tatsächlichen und rechtlichen Fragen, die für die Feststellung der Tatbestandsmerkmale der strafbaren Handlung von Bedeutung sind, zu ihren Ausführungen das Wort.

Sind mehrere Verteidiger vorhanden, so darf ein Verteidiger nicht abermals zugunsten des Angeklagten vorbringen, was ein anderer Verteidiger zugunsten des Angeklagten vorgebracht hat.

Ein Beweis, der nicht in der Hauptverhandlung erhoben worden ist, darf nicht als erbrachter Beweis angesehen werden.

Dem Angeklagten oder dem Verteidiger muß Gelegenheit gegeben werden, hinsichtlich der im Abs. 1 bezeichneten Fragen das letzte Wort zu haben.

§ 77. Nach dem Schluß der Vorträge des § 76 hat der Vorsitzende die Geschworenen über die rechtlichen Gesichtspunkte der Tatbestandsmerkmale der strafbaren Handlung zu belehren und die in Betracht kommenden Tatsachen und den wesentlichen Inhalt der Beweisaufnahme zu erläutern, sodann die Geschworenen zu fragen, ob die Tatbestandsmerkmale erfüllt sind, und aufzufordern, durch Mitteilung des Ergebnisses ihrer Beratung (Spruch) zu antworten; der Vorsitzende darf jedoch eine eigene Ansicht über die Würdigung der Beweise und die Frage, ob der Angeklagte schuldig sei, nicht bekunden.

§ 78. Gegen die Belehrung des Vorsitzenden findet eine Einwendung nicht statt.

§ 79. Die Frage des Vorsitzenden ist entweder eine Hauptfrage oder eine Hilfsfrage und so zu stellen, daß sie sich mit ja oder nein beantworten läßt.

Die Hauptfrage führt eine Beratung darüber herbei, ob die Tatbestandsmerkmale der strafbaren Handlung, so wie sie bei Überführung in das Hauptverfahren rechtlich beurteilt worden ist, erfüllt sind.

Die Hilfsfrage führt eine Beratung darüber herbei, ob die Tatbestandsmerkmale der strafbaren Handlung, die von der bei Überführung in das Hauptverfahren vorgenommenen rechtlichen Beurteilung abweichend beurteilt wird, erfüllt sind.

Kommt das Vorhandensein von Gründen, welche die Rechtswidrigkeit ausschließen, in Frage, so ist eine besondere diesbezügliche Frage zu stellen, die eine Beratung hierüber herbeiführt.

§ 80. Die Geschworenen, die Staatsanwaltschaft, der Angeklagte sowie der Verteidiger sind befugt, auf Abänderung der Fragen anzutragen.

Werden Anträge gemäß Abs. 1 angebracht, so hat das Gericht darüber Beschluß zu fassen.

§ 81. Der Vorsitzende hat die Frageschrift zu unterzeichnen und den Geschworenen zu übergeben.

Die Geschworenen können vom Gericht Abschriften der Frageschrift verlangen.

§ 82. Der Vorsitzende fordert die Geschworenen auf, sich zur Beratung in das Beratungszimmer zurückzuziehen.

Er kann den Geschworenen Beweisgegenstände sowie Beweisurkunden, die ihnen in der Verhandlung zur Besichtigung vorgelegt wurden, mitgeben.

§ 83. Die Geschworenen dürfen nicht ohne Erlaubnis des Vorsitzenden das Beratungszimmer verlassen oder mit dritten Personen verkehren, bevor sie ihre Beratung beendet haben.

Dritte Personen dürfen ohne Erlaubnis des Vorsitzenden nicht in das Beratungszimmer eintreten.

§ 84. Im Falle, daß der Vorsitzende vor Abgabe des Spruchs den Geschworenen erlaubt, die Gerichtsstelle zu verlassen, soll er anordnen, welche Maßnahmen hinsichtlich des Aufenthaltsortes sowie Verkehrs mit dritten Personen im einzelnen zu beobachten sind.

§ 85. Demjenigen Geschworenen, der der Bestimmung des § 83 Abs. 1 zuwiderhandelt oder die gemäß § 84 bezeichneten Maßnahmen nicht beobachtet, kann das Gericht die weitere Ausübung des Amtes untersagen.

§ 86. Die Geschworenen wählen einen Obmann aus ihrer Mitte.

Der Obmann leitet die Beratung.

§ 87. Die Geschworenen können vor dem Schlusse der Beratung eine weitere Belehrung verlangen. In diesem Falle erfolgt der Antrag im Sitzungssaal.

§ 88. Der Spruch der Geschworenen hat auf die Frage mit ja oder nein zu antworten; im Falle teilweiser Bejahung oder Verneinung hat der Spruch für jeden Teil mit ja oder nein zu lauten.

§ 89. Die Beratung hat zuerst über die Hauptfrage zu erfolgen.

Falls die Hauptfrage verneint wird, und der Vorsitzende eine Hilfsfrage gestellt hat, findet die Beratung über die Hilfsfrage statt.

§ 90. Jeder Geschworene soll über die gestellte Frage seine Stimme einzeln abgeben.

Der Obmann gibt seine Stimme zuletzt ab.

§ 91. Zur Bejahung der Tatbestandsmerkmale der strafbaren Handlung bedarf der Spruch der Geschworenen mehr als der Hälfte der Stimmen der Geschworenen.

Ergibt sich eine solche Stimmenmehrheit zur Bejahung der Tatbestandsmerkmale der strafbaren Handlung nicht, so gelten sie als verneint.

§ 92. Der Spruch ist auf der Frageschrift niederzuschreiben, vom Obmann zu unterzeichnen und zu siegeln und sodann dem Vorsitzenden zu übergeben.

Ist der Spruch unvollständig oder sich widersprechend, so hat der Vorsitzende den Geschworenen die Frageschrift zurückzugeben und aufzufordern, den Spruch nach neuerlicher Beratung zu verbessern.

§ 93. Der Vorsitzende hat im Sitzungssaale die gestellte Frage und den darauf ergangenen Spruch der Geschworenen durch den Gerichtsschreiber verlesen zu lassen.

§ 94. Nach dem Schlusse des Verfahrens des § 93 fordert der Vorsitzende die Geschworenen auf, den Sitzungssaal zu verlassen.

§ 95. Erachtet das Gericht den Spruch der Geschworenen für unzutreffend, so kann es jederzeit im weiteren Verlauf des Verfahrens durch Beschluß die Beiordnung anderer Geschworener anordnen.

§ 96. Bejahen die Geschworenen in ihrem Spruch die Tatbestandsmerkmale der strafbaren Handlung und faßt das Gericht nicht den Beschluß des § 95, so hat die Staatsanwaltschaft sowohl hinsichtlich des gegen den Angeklagten anzuwendenden Strafgesetzes als auch hinsichtlich der Strafzumessung ihre Anträge zu stellen.

Sodann erhalten der Angeklagte und der Verteidiger zu ihren Ausführungen das Wort.

Dem Angeklagten oder dem Verteidiger muß Gelegenheit gegeben werden, das letzte Wort zu haben.

§ 97. Verkündet das Gericht ein Urteil, das den Spruch der Geschworenen angenommen hat, so hat es anzugeben, daß die tatsächliche Entscheidung unter Mitwirkung der Geschworenen getroffen ist [1]).

In Fällen der Verurteilung sind die Tatbestandsmerkmale der strafbaren Handlung und die zur Anwendung gebrachte Strafvorschrift zu bezeichnen. Waren solche vom Strafgesetz vorgesehene Umstände behauptet worden, welche die Strafbarkeit erhöhen, vermindern oder ausschließen, so ist nebst Gründen anzugeben, ob das Gericht sie angenommen oder abgelehnt hat.

Im Falle des Freispruchs müssen die Urteilsgründe ergeben, ob die dem Angeklagten zur Last gelegte Tat nicht erwiesen ist, oder ob sie keine strafbare Handlung darstellt.

§ 98. Wird eine unterbrochene Hauptverhandlung innerhalb von sechs Tagen nicht wiedereröffnet, so ist mit dem Hauptverfahren von neuem zu beginnen.

---

[1]) Die mißverständliche Ausdrucksweise des Abs. 1 darf nicht zu der Annahme verleiten, als sei das in Gemäßheit des Spruches der Geschworenen ergangene Urteil eine besondere Art der Sachurteile. Der Gegensatz zu dem »Urteil, das den Spruch der Geschworenen angenommen hat«, ist nicht dasjenige Urteil, das dem Spruche nicht folgt, sondern das Urteil des § 99. Wie die Entstehungsgeschichte ergibt, gibt es kein schwurgerichtliches Sachurteil, das den Spruch der Geschworenen nicht angenommen hat. Nur so erhält auch § 95 seinen Sinn: nur durch Berufung anderer Geschworener kann das Gericht ein Urteil in Gemäßheit des Spruches der Geschworenen vermeiden.

Das Gleiche gilt, falls ein Mitglied der Geschworenenbank wegen Krankheit oder aus anderen Gründen an der Ausübung seines Amtes verhindert und kein Ersatzgeschworener vorhanden ist.

Im Falle der Abs. 1 und 2 muß die Bildung der Geschworenenbank von neuem erfolgen.

§ 99. Erachtet das Gericht im Laufe des Verfahrens einen Grund für die Verwerfung der öffentlichen Klage, für die Annahme der Unzuständigkeit oder für die Befreiung vom Prozeß für vorliegend, so kann es die Entscheidung ohne Geschworene treffen.

§ 100. Der Gerichtsschreiber hat über die Namen der Geschworenen, die Bildung der Geschworenenbank und die übrigen Vorgänge des Hauptverfahrens sowie über den wesentlichen Inhalt der Belehrung des Vorsitzenden ein Protokoll zu führen.

3. Kapitel: Rechtsmittel.

§ 101. Gegen ein Urteil, in dem die tatsächliche Entscheidung unter Annahme des Spruchs der Geschworenen getroffen ist, ist die Berufung unzulässig.

§ 102. Gegen ein Urteil, in dem die tatsächliche Entscheidung unter Annahme des Spruches der Geschworenen getroffen ist, findet die Revision beim Reichsgericht statt.

§ 103. Die Revision ist aus den Gründen zulässig, aus denen sie es gegen ein Berufungsurteil nach der Strafprozeßordnung ist[1]); es sei denn, daß die Besorgnis, der Entscheidung sei ein falscher Sachverhalt zugrunde gelegt, als Revisionsgrund behauptet wird.

§ 104. In folgenden Fällen ist die Revision stets als begründet anzusehen:

1. wenn die Geschworenenbank nicht dem Gesetze gemäß gebildet worden ist;
2. wenn jemand, der gemäß § 12 Abs. 1 Nr. 1 zum Geschworenen nicht berufen werden durfte oder gemäß § 13 zu dem Amte eines Geschworenen unfähig ist, an der Beratung teilgenommen hat;

---

[1]) Danach kann die Revision außer auf Rechtsverletzung (§ 410 Strafprozeßordnung) auf folgende tatsächliche Umstände gestützt werden (§ 412 bis 415 der Strafprozeßordnung):

§ 412. Liegt ein auffälliger Umstand vor, der die Strafzumessung völlig unangemessen erscheinen läßt, so kann die Revision darauf gestützt werden.

§ 413. Liegt ein Umstand vor, der einen Grund zur Wiederaufnahme darstellt, so kann die Revision darauf gestützt werden.

§ 414. Liegt ein auffälliger Umstand vor, der die Besorgnis rechtfertigt, daß der Entscheidung ein falscher Sachverhalt zugrunde gelegt ist, so kann die Revision darauf gestützt werden.

§ 415. Tritt nach Erlaß des Urteils eine Aufhebung oder Abänderung des Strafgesetzes oder Amnestie ein, so kann die Revision darauf gestützt werden.

es sei denn, daß bis zum Schlusse der Beratung die Prozeßbeteiligten Einwendungen nicht erhoben haben;

3. wenn ein Geschworener, der von der Ausübung seines Amtes kraft Gesetzes ausgeschlossen ist, an der Beratung teilgenommen hat; es sei denn, daß ein Antrag gemäß § 63 Abs. 3 nicht erfolgt ist;
4. wenn ein abgelehnter Geschworener an der Beratung teilgenommen hat; es sei denn, daß bis zum Schlusse der Beratung die Prozeßbeteiligten Einwendungen nicht erhoben haben;
5. wenn die Belehrung des Vorsitzenden gesetzwidrig erfolgt ist;
6. wenn der Vorsitzende als Beweismittel erläutert hat, was auf Grund des Gesetzes als solches nicht benutzt werden durfte;
7. wenn der Vorsitzende in rechtlicher Hinsicht unangemessene Belehrung erteilt hat.

§ 105. Hebt das Revisionsgericht das angefochtene Urteil auf, so hat es mit Ausnahme des Falles, daß es selbst ohne Prüfung der Tatsachen zu entscheiden hat, die Sache an das ursprüngliche Gericht zurückzuverweisen oder an ein anderes der gleichen Ordnung des ursprünglichen Gerichts zu verweisen.

War der Umstand, der die Aufhebung des Urteils begründet, auf das Ergebnis der Beratung der Geschworenen nicht von Einfluß gewesen, so behält der Spruch der Geschworenen seine Wirksamkeit. In diesem Falle hat das Gericht, an das die Sache zurückverwiesen oder verwiesen worden ist, nur das dem Srpuch der Geschworenen folgende Verfahren zu wiederholen.

4. Abschnitt.

Die besonderen Kosten des Schwurgerichtsverfahrens.

§ 106. Die besonderen Kosten des Schwurgerichtsverfahrens, die zu den Kosten des Verfahrens gehören, sind folgende:

1. die Kosten der Ladung der Geschworenen;
2. die den Geschworenen zu erstattenden Reisekosten, Tagegelder und Aufenthaltskosten.

§ 107. Fand die Beiordnung der Geschworenen auf Antrag gemäß § 3 statt, so hat der Angeklagte im Falle der Verurteilung die besonderen Kosten des Schwurgerichtsverfahrens ganz oder teilweise zu tragen.

5. Abschnitt.

Strafbestimmungen.

§ 108. Ein Geschworener wird in folgenden Fällen mit einer Ordnungsstrafe bis zu fünfhundert Yen bestraft:

1. wenn er auf die Ladung ohne Grund nicht erscheint;
2. wenn er den Eid verweigert;

3. wenn er § 83 Abs. 1 zuwiderhandelt;
4. wenn er ohne Grund den Sitzungssaal verläßt;
5. wenn er den Maßnahmen gemäß § 84 zuwiderhandelt.

§ 109. Ein Geschworener, der die Vorgänge bei der Beratung, die Ansicht eines Geschworenen oder das Stimmenverhältnis bei der Abstimmung verrät, wird mit Geldstrafe bis zu eintausend Yen bestraft.

Im Falle, daß die im Abs. 1 bezeichneten Tatsachen in Zeitungen oder Druckschriften aufgenommen werden, werden der Redakteur und der Verleger der Zeitungen oder der Verfasser und der Verleger der Druckschriften mit Geldstrafe bis zu zweitausend Yen bestraft.

§ 110. Wer ohne Erlaubnis des Vorsitzenden in das Beratungszimmer der Geschworenen eintritt oder im Gerichtsgebäude vor dem Schlusse der Beratung mit Geschworenen verkehrt, wird mit Geldstrafe bis zu fünfhundert Yen bestraft.

§ 111. Wer einen Geschworenen in einer Sache, in der dieser als Geschworener mitgewirkt hat, zu bestimmen sucht, oder wer vor dem Schlusse der Beratung heimlich seine eigene Meinung zur Sache äußert, wird mit Zuchthaus bis zu einem Jahre oder mit Geldstrafe bis zu eintausend Yen bestraft.

§ 112. Die Entscheidung über die Ordnungsstrafe trifft das Gericht, das die Geschworenen geladen hat, nach Anhören der Staatsanwaltschaft durch Beschluß.

Gegen den Beschluß des Abs. 1 findet die Beschwerde statt. Sie hat die Wirkung der Hemmung der Vollstreckung.

Auf die Vollstreckung der Ordnungsstrafe findet § 208 des Gesetzes über die freiwillige Gerichtsbarkeit entsprechende Anwendung.

6. Abschnitt.

Ergänzende Bestimmungen.

§ 113. In den Städten des § 6 der Shi-(Stadtkreis)ordnung finden die in diesem Gesetz enthaltenen Vorschriften über Shi auf Ku (Stadtbezirke) und die Vorschrfiten über Shicho (Bürgermeister) auf Kucho (Vorsteher der Ku) Anwendung.

In dem Gebiet, wo die Cho-Son (Stadt- und Landgemeinde-)ordnung nicht gilt, finden die in diesem Gesetz enthaltenen Vorschriften über Cho-Son auf Quasi-Cho-Son und die Vorschriften über Chocho (Vorsteher einer Stadtgemeinde) und Soncho (Vorsteher einer Landgemeinde) auf Quasi-Chocho und Quasi-Soncho Anwendung.

§ 114. Welche Steuern direkte Staatssteuern im Sinne des § 12 sind, wird durch kaiserliche Verordnung bestimmt.

Nebenbestimmungen.

Der Tag des Inkrafttretens wird für jeden Paragraphen durch kaiserliche Verordnung bestimmt.

Auf diejenigen Sachen, für die vor Inkrafttreten dieses Gesetzes Termin zur Hauptversammlung anberaumt ist, findet dieses Gesetz keine Anwendung.

---

2. Gesetz über das Trinkverbot für Minderjährige vom 3. März 1922.

§ 1. Ein Minderjähriger [1]) darf weder Wein noch weinähnliche Getränke trinken.

Wer über einen Minderjährigen die elterliche Gewalt ausübt oder statt dessen einen Minderjährigen beaufsichtigt, hat den Minderjährigen, falls er von dessen Trinken Kenntnis erlangt, vom Trinken zurückzuhalten.

Ein Gewerbetreibender, der gewerbsmäßig Wein oder weinähnliche Getränke verkauft oder anbietet, darf die Getränke nicht verkaufen oder anbieten, wenn ihm bekannt ist, daß sie zum Gebrauche für Minderjährige bestimmt sind.

§ 2. Wein oder weinähnliche Getränke sowie Trinkgeschirr, die im Eigentum oder Besitz eines Minderjährigen stehen, um dem Trinken zu dienen, können durch Verwaltungsmaßregel eingezogen werden; auch kann ihre Vernichtung sowie jede andere erforderliche Verfügung über sie durch Verwaltungsmaßregel angeordnet werden.

§ 3. Wer dem § 1 Abs. 2 und 3 zuwiderhandelt, wird mit Geldbuße (Geldstrafe bis zu zwanzig Yen) bestraft.

§ 4. Ist der Gewerbetreibende ein Minderjähriger oder ein Entmündigter, so finden die nach diesem Gesetz auf ihn anzuwendenden Strafbestimmungen auf den gesetzlichen Vertreter Anwendung, es sei denn, daß der Minderjährige in Ansehung des Gewerbebetriebs in der Geschäftsfähigkeit einem Volljährigen gleichsteht.

Ein Gewerbetreibender, in dessen Gewerbebetrieb der Vertreter, das Oberhaupt der Familie, ein Angehöriger der Familie, ein bei ihm Wohnender, Bediensteter oder sonst in seinem Betrieb Beschäftigter diesem Gesetze zuwiderhandelt, bleibt auch dann strafbar [2]), wenn er sie nicht instruiert hat.

---

[1]) Vgl. § 3 des Bürgerlichen Gesetzbuchs vom 27. April 1896:
Mit der Vollendung des zwanzigsten Lebensjahres tritt die Volljährigkeit ein.

[2]) Die herrschende Lehre, insbesondere das Reichsgericht, legt das Wort »strafbar« im Sinne »als Täter strafbar« aus, so daß nach § 4 Abs. 2 der Gewerbetreibende, in dessen Betrieb diesem Gesetze zuwidergehandelt wird, der Bestrafung als Täter weder dann entgeht, wenn er nach allgemeinen Regeln nur Gehilfe wäre, noch dann, wenn ihm überhaupt kein Verschulden hinsichtlich der Zuwiderhandlung zur Last fällt. Weiterhin ist aus § 4 Abs. 2 aber auch die Unzulässigkeit einer Bestrafung des Gewerbetreibenden als Anstifters zu folgern. Im Falle, daß der Gewerbetreibende nach allgemeinen Regeln als Anstifter strafbar wäre, wird er als Täter, der Angestiftete überhaupt nicht bestraft.

Das Gesetz vom 13. März 1900 [1]) findet auf die Straftaten dieses Gesetzes entsprechende Anwendung.

Nebenbestimmungen:

Dieses Gesetz tritt mit dem 1. April 1922 in Kraft.

---

3. Gesetz über das Rauchverbot für Minderjährige vom 7. März 1900.

§ 1. Ein Minderjähriger [2]) darf keinen Tabak rauchen.

§ 2. Wenn jemand dem § 1 zuwiderhandelt, so werden Tabak und Rauchgeräte, die in seinem Besitz stehen, um dem Rauchen zu dienen, durch Verwaltungsmaßregel eingezogen.

§ 3. Wer einen Minderjährigen, über den er die elterliche Gewalt ausübt, vom Rauchen nicht zurückhält, obwohl er davon weiß, wird mit Geldbuße bis zu ein Yen bestraft.

Auf denjenigen, der an Stelle des die elterliche Gewalt Ausübenden den Minderjährigen beaufsichtigt, findet die Strafvorschrift des Abs. 1 Anwendung.

§ 4. Wer einem Minderjährigen Tabak oder Rauchgeräte verkauft, wissend, daß sie zu eigenem Gebrauche des Minderjährigen bestimmt sind, wird mit Geldstrafe bis zu zehn Yen bestraft.

Nebenbestimmungen:

Dieses Gesetz tritt mit dem 1. April 1900 in Kraft.

---

[1]) Gesetz betreffend den Fall, daß eine juristische Person ein Steuerdelikt begeht, vom 13. März 1900.

§ 1. Wenn ein Vertreter oder Bediensteter einer juristischen Person oder sonst in ihrem Betrieb Beschäftigter in ihrem Betrieb einem Steuergesetz zuwiderhandelt, wird die Strafe, die das Gesetz bestimmt, über die juristische Person verhängt. Falls jedoch in der Strafbestimmung eine andere als Geldstrafe oder Geldbuße angedroht ist, wird die juristische Person mit Geldstrafe bis zu dreitausend Yen bestraft.

§ 2. [Im Falle eines Strafverfahrens gegen eine juristische Person wird deren Vertreter als Angeklagter behandelt.] (Diese Bestimmung ist durch den § 36 StPO. aufgehoben, welcher lautet: Wenn Angeklagter eine juristische Person ist, so vertritt ihr Vertreter sie im Prozeß. Selbst im Falle, daß mehrere eine juristische Person gemeinschaftlich vertreten, vertritt jeder Vertreter die juristische Person.)

§ 3. Wenn die Geldstrafe nach Ablauf eines Monats oder die Geldbuße nach Ablauf von zehn Tagen seit dem Tage, an dem das Urteil der Bestrafung einer juristischen Person rechtskräftig wurde, nicht bezahlt worden ist, so erfolgt deren Vollstreckung gemäß den Bestimmungen des sechsten Abschnitts der Zivilprozeßordnung. In diesem Falle gilt der Befehl der Staatsanwaltschaft als vollstreckbarer Titel.

Im Falle der Vollstreckung gemäß dem obigen Satz bedarf es nicht der Zustellung des Urteils vor der Vollstreckung.

[2]) Vgl. § 3 des Bürgerlichen Gesetzbuchs vom 27. April 1896:

Mit der Vollendung des zwanzigsten Lebensjahres tritt die Volljährigkeit ein.

4. Gesetz über den Zweikampf vom 30. Dezember 1889.

§ 1. Wer zum Zweikampf herausfordert oder die Herausforderung annimmt, wird mit Zuchthaus von sechs Monaten bis zu zwei Jahren bestraft.

§ 2. Wer den Zweikampf ausführt, wird mit Zuchthaus von zwei bis zu fünf Jahren bestraft.

§ 3. Wer seinen Gegner im Zweikampf tötet oder verletzt, wird nach den betreffenden Vorschriften des Strafgesetzbuchs bestraft.

§ 4. Wer einem Zweikampf beiwohnt oder beizuwohnen verspricht, gleichviel ob als Zeuge, als Sekundant oder unter welchem Namen sonst, wird mit Zuchthaus von einem Monat bis zu einem Jahr bestraft.

Dieselbe Strafe trifft denjenigen, der wissentlich den Kampfplatz verleiht oder zum Gebrauche überläßt.

§ 5. Wer einen anderen beschimpft, weil er eine Herausforderung zum Zweikampf nicht angenommen hat, wird nach den Vorschriften des Strafgesetzbuchs über Beleidigung bestraft.

§ 6. Die Straftaten dieses Gesetzes werden nach den betreffenden Vorschriften des Strafgesetzbuchs bestraft, wenn dessen Strafen schwerer sind.

---

5. Gesetz betreffend die Erhaltung der öffentlichen Sicherheit vom 22. April 1925.

§ 1. Wer eine Verbindung gründet oder an einer solchen wissentlich teilnimmt, zu deren Bestrebungen es gehört, die verfassungsmäßig festgelegte Staatsform oder Regierungsform zu ändern oder das Privateigentum aufzuheben, wird mit Zuchthaus oder Gefängnis bis zu zehn Jahren bestraft.

In den Fällen des Abs. 1 ist der Versuch strafbar.

§ 2. Wer in der Absicht, die verfassungsmäßig festgelegte Staatsform oder Regierungsform zu ändern oder das Privateigentum aufzuheben, sich zur Ausführung dieses Planes mit einem anderen verabredet, wird mit Zuchthaus oder Gefängnis bis zu sieben Jahren bestraft.

§ 3. Wer in der Absicht, die verfassungsmäßig festgelegte Staatsform oder Regierungsform zu ändern oder das Privateigentum aufzuheben, zur Ausführung dieses Planes anreizt, wird mit Zuchthaus oder Gefängnis bis zu sieben Jahren bestraft.

§ 4. Wer in der Absicht, die verfassungsmäßig festgelegte Staatsform oder Regierungsform zu ändern oder das Privateigentum aufzuheben, zur Begehung des Aufruhrs, der Gewalttätigkeit oder anderer Straftaten, die geeignet sind, das Leben, die Gesundheit oder das Eigentum eines anderen zu verletzen, anreizt, wird mit Zuchthaus oder Gefängnis bis zu zehn Jahren bestraft.

§ 5. Wer einem anderen in der Absicht, ihn zur Begehung der in § 1 Abs. 1 und § 3 bezeichneten Straftaten zu veranlassen, Geld oder andere

Vermögensteile zuwendet oder dergleichen anbietet oder verspricht, wird mit Zuchthaus oder Gefängnis bis zu fünf Jahren bestraft.

Der gleichen Strafe verfällt derjenige, der wissentlich das Geschenk empfängt oder dessen Anbieten oder Versprechen annimmt.

§ 6. Wenn derjenige, der die im § 5 bezeichnete Straftat begangen hat, selbst Anzeige davon macht, ehe die Straftat amtlich bekannt geworden ist, so ist die Strafe zu mildern oder zu erlassen.

§ 7. Dieses Gesetz findet auch auf alle Personen Anwendung, die außerhalb der Grenzen des Reichsgebietes die in diesem Gesetz bezeichneten Straftaten begehen.

Nebenbestimmungen:

Die Verordnung betreffend Verbreitung unwahrer Gerüchte vom 7. September 1923 wird aufgehoben.

---

6. Kaiserliche Verordnung betreffend Verbreitung unwahrer Gerüchte vom 7. September 1923 [1].

Wer durch die Presse, Korrespondenz, oder welches Mittel es sei, zur Begehung von Gewalttätigkeiten, des Aufruhrs oder anderer Straftaten, die geeignet sind, das Leben, die Gesundheit oder das Eigentum eines anderen zu verletzen, anreizt, oder wer in der Absicht, die öffentliche Ruhe und Sicherheit zu verwirren, den öffentlichen Frieden gefährdende Einzelheiten ausstreut, oder wer in der Absicht, das Volk irrezuführen, unwahre Gerüchte verbreitet, wird mit Zuchthaus oder Gefängnis bis zu zehn Jahren oder mit Geldstrafe bis zu dreitausend Yen bestraft.

Nebenbestimmung:

Diese Verordnung tritt mit dem Tage der Veröffentlichung in Kraft.

---

[1]) Diese Verordnung erging aus Anlaß des Erdbebens vom 1. September 1923 auf Grund des Artikels 8 des Verfassungsgesetzes vom 11. Februar 1889. Art. 8 lautet:

> Der Kaiser erläßt bei dringendem Bedürfnis, falls der Landtag geschlossen ist, zur Aufrechterhaltung der öffentlichen Ruhe und Sicherheit, sowie zur Beseitigung eines Notstandes Verordnungen mit Gesetzeskraft.
>
> Diese Verordnungen sind dem Landtag bei seiner nächsten Sitzung vorzulegen und, falls der Landtag sie nicht genehmigt, von der Regierung für die Zukunft außer Kraft zu setzen.

7. Das japanische Strafvollzugsgesetz vom 28. März 1908 nebst Ausführungsverordnung zum Strafvollzugsgesetz vom 16. Juni 1908.

Inhaltsverzeichnis.

I. Strafvollzugsgesetz vom 28. März 1908.

Abschnitt I.

Allgemeine Bestimmungen.

§ 1. Es gibt 4 Arten von Gefangenenanstalten.

1. Das Zuchthaus [1]): Die Anstalt für die zu Zuchthausstrafe verurteilten Gefangenen.
2. Das Gefängnis [1]): Die Anstalt für die zu Gefängnisstrafe Verurteilten.
3. Das Hafthaus [1]): Die Anstalt für die zu Haft Verurteilten.
4. Das Untersuchungsgefängnis [2]): Die Anstalt für Untersuchungsgefangene und die zum Tode Verurteilten.

Im Untersuchungsgefängnis können auch die zu Zuchthaus, Gefängnis oder Haft Verurteilten vorläufig untergebracht werden.

Gefangene können auch in den Polizeigefängnissen untergebracht werden. Zu Zuchthaus oder Gefängnis Verurteilte dürfen nicht dort untergebracht werden.

§ 2. Zuchthausstrafen [3]) von mehr als 2 Monaten an Personen

---

[1]) Das geltende japanische Strafrecht nach dem StGB. vom 23. 4. 1907 unterscheidet nicht, wie das deutsche StGB. vom 31. 5. 1870, Verbrechen Vergehen und Übertretungen; daher sind auch die Zuchthausstrafe, die Gefängnisstrafe und die Haftstrafe anders orientiert als im deutschen Recht.

Zuchthausstrafe ist gekennzeichnet als Freiheitsentziehung mit Arbeitszwang. Die Regelstrafdauer der zeitigen Zuchthausstrafe beträgt im Mindestfall einen Monat, im Höchstfall 15 Jahre. Verlängerung bis zu 20 Jahren ist möglich (erschwerende Umstände; Rückfall); auch Milderung unter einen Monat. Für bestimmte Delikte kennt das Gesetz lebenslängliche Zuchthausstrafe (vgl. §§ 12, 14, 47, 57 des StGB. vom 24. 4. 1907).

Gefängnisstrafe ist gekennzeichnet als Freiheitsstrafe ohne Arbeitszwang. Die Regelstrafdauer der zeitigen Gefängnisstrafe ist dieselbe wie bei der Zuchthausstrafe. Auch lebenslängliche Gefängnisstrafe ist dem Gesetz bekannt. Unter bestimmten Umständen ist Verkürzung der Gefängnisstrafe auch unter 1 Monat möglich (vgl. §§ 13, 14, 47, 57 des StGB.).

Die Regelstrafe der »großen Kriminalität« ist die Zuchthausstrafe. Gefängnisstrafe ist nur für verhältnismäßig wenige Delikte von kriminalpolitisch untergeordneter Bedeutung — auch da häufig noch wahlweise neben Zuchthausstrafe — angedroht und wird nur verhältnismäßig selten verhängt.

Gefangenenanstalten, die nur Gefängnisstrafe vollstrecken, gibt es daher nicht. Die Gefängnisstrafe wird in besonderen Abteilungen oder Räumen der zur Vollstreckung der Zuchthausstrafe bestimmten Anstalten vollzogen.

Haftstrafe ist das Strafmittel gegenüber der »kleinen Kriminalität«. Sie ist ebenfalls Freiheitsentziehung ohne Arbeitszwang. Strafdauer mindestens 1 Tag, höchstens 30 Tage (§ 16 StGB.).

Wann der Richter Zuchthaus, Gefängnis und Haft zu verhängen hat, ist im übrigen im besonderen Teil des StGB. kasuistisch bestimmt.

[2]) Wortgetreu übersetzt: »Das Festhaltungsgefängnis« (Detentionsgefängnis).

[3]) Eine entsprechende Bestimmung für den Vollzug von Gefängnisstrafen an Jugendlichen fehlt; ein Hinweis darauf, wie selten diese »Freiheitsentziehung ohne Arbeitszwang« zur Anwendung kommt. Japan hat also wenigstens von der Praxis her gesehen die »Einspurigkeit« der Freiheitsstrafe.

unter 18 Jahren [1]) werden in besonders eingerichteten Anstalten oder in besonderen Abteilungen vollsterckt [2]).

Strafen der vorbezeichneten Art an Personen, die das 18., aber nicht das 20. Lebensjahr [3]) vollendet haben, können in solchen Anstalten oder Abteilungen vollstreckt werden. Beträgt der Strafrest eines Gefangenen bei Vollendung seines 20. Lebensjahres nicht mehr als 3 Monate, so kann er in der Anstalt oder Abteilung verbleiben.

Ohne Rücksicht auf ihr Lebensalter können in solchen Anstalten oder Abteilungen Personen untergebracht werden, deren körperliche oder geistige Entwickelung noch nicht abgeschlossen ist [4]).

§ 3. Männer und Frauen sollen für sich in besonderen Anstalten untergebracht werden. Wenn zu Zuchthaus, Gefängnis oder Haft Verurteilte oder Untersuchungsgefangene in derselben Anstalt untergebracht werden, so müssen für jede Gattung von Gefangenen abgesonderte Räume bestimmt werden.

§ 4. Der zuständige Minister [5]) muß alle 2 Jahre mindestens einmal die Anstalten durch beauftragte Beamte überprüfen lassen.

Richter und Staatsanwälte haben das Recht, die Anstalten zu besichtigen.

§ 5. Anderen Personen kann die Besichtigung der Anstalten nach Maßgabe der Ausführungsbestimmungen zum Zwecke wissenschaftlicher Forschung oder aus anderen beachtlichen Gründen gestattet werden.

§ 6. Gegenstände, die nach Maßgabe dieses Gesetzes beschlagnahmt oder zugunsten der Staatskasse verfallen sind, werden zu Zwecken der Gefängnisfürsorge verwandt [6]).

§ 7. Gefangene, die sich durch Maßnahmen der Anstalt beschwert fühlen, haben das Recht, nach Maßgabe der Ausführungsbestimmungen bei dem zuständigen Minister oder seinen mit der Besichtigung der Anstalt Beauftragten vorstellig zu werden.

§ 8. Die Arbeitshäuser [7]) werden einer Gefangenenanstalt angegliedert.

---

[1]) Vgl. § 16.

[2]) Japan hat seit dem 17. 4. 1922 ein besonderes »Jugendgesetz«, das u. a. auch die Gegenstände umfaßt, die das deutsche Jugendgerichtsgesetz vom 16. 2. 1923 regelt. Schutzalter 14—18 Jahre (vgl. auch § 41 StGB.). In erster Reihe stehen »Erziehungsmaßnahmen«, Strafe erst in zweiter Linie Soweit aber auf Strafe erkannt wird, steht sie unter den Vorschriften des Strafvollzugsgesetzes.

[3]) Das Volljährigkeitsalter nach japanischem Recht. — Die Grenze in § 2 Abs. 2 ist inzwischen durch § 9 des japanischen Jugendgesetzes vom 17. 4. 1922 auf das 23. Lebensjahr hinaufgerückt worden.

[4]) Vgl. § 16 Abs. 3.

[5]) Nach der Ausf.-Verordnung der Justizminister.

[6]) Vgl. §§ 51, 53, 54, 57 dieses Gesetzes.

[7]) Arbeitshaus im Sinne des japanischen Strafrechts darf nicht mit dem der korrektionellen Nachhaft des deutschen Rechts dienenden Arbeitshause verwechselt werden. Das japanische Arbeitshaus dient zum Vollzug derjenigen

Die Bestimmungen der §§ 3—7 finden auf die Arbeitshäuser entsprechende Anwendung.

§ 9. Soweit in diesem Gesetze nichts Besonderes bestimmt ist, finden seine Vorschriften auch auf Untersuchungsgefangene und auf zum Tode Verurteilte entsprechende Anwendung. Auf die Insassen des Arbeitshauses finden die Vorschriften für Zuchthausgefangene entsprechende Anwendung.

§ 10. Auf Militär- und Marinegefangenenanstalten findet dieses Gesetz keine Anwendung.

Abschnitt II.

Aufnahme.

§ 11. Gefangene sollen nur dann aufgenommen werden, wenn der Haftbefehl oder das auf Strafe lautende Urteil, sowie ferner der Vollstreckungsbefehl und die etwa sonst noch vorgeschriebenen Urkunden vorliegen.

§ 12. Frauen kann auf Verlangen gestattet werden, eigene Kinder bis zum vollendeten ersten Lebensjahr in die Anstalt mitzubringen, soweit das notwendig ist. Diese Bestimmung findet entsprechende Anwendung auf Kinder, die im Gefängnis geboren werden.

§ 13. Personen mit solchen ansteckenden Krankheiten, für die nach den Vorschriften zur Verhütung der Verbreitung ansteckender Krankheiten eine besondere Behandlung vorgeschrieben ist, brauchen nicht aufgenommen zu werden.

§ 14. Der Gefangene und seine Kleidung sollen bei der Aufnahme alsbald durchsucht werden. Die Durchsuchung kann so oft, wie nötig ist, wiederholt werden.

Abschnitt III.

Unterbringung.

§ 15. Die Gefangenen können in Einzelhaft untergebracht werden, soweit es ihrem körperlichen oder geistigen Zustande nicht unzuträglich ist.

§ 16. Bei der Verteilung der in Gemeinschaftshaft unterzubringenden Gefangenen auf die Hafträume sollen die Tat, die Persönlichkeit, die Vorstrafen, das Lebensalter usw. berücksichtigt werden.

Freiheitsentziehung, die anstelle einer nicht beitreibbaren Geldstrafe tritt. Sie hat nicht den Sinn einer Freiheitsstrafe, sondern soll den Gedanken des Abarbeitens der Geldstrafe verwirklichen. Der Gedanke kommt allerdings insofern nicht rein zur Darstellung, als sich die Dauer des Aufenthalts nicht nach dem Wert und Maß der von dem »Arbeitshäusler« geleisteten Arbeit bemißt, sondern von dem Richter etwa in der Art bestimmt wird, wie nach deutschem Recht die an Stelle der Geldstrafe tretende Ersatzfreiheitsstrafe. Der wesentliche Unterschied gegenüber dem deutschen Recht liegt in der beabsichtigten sozialen Wirkung. Die japanische Regelung will der Strafe den Makel nehmen, der dem anhaftet, der »im Gefängnis gesessen« hat. Mindestdauer 1 Tag, Höchstdauer 1 Jahr (§ 18 StGB.).

In den in § 1 Abs. 2 und 3 bezeichneten Anstalten sollen die Gefangenen nach der Haftart getrennt untergebracht werden.

Gefangene unter 18 Jahren dürfen, außer im Falle des § 2 Abs. 2, nicht im selben Raume mit Gefangenen über 18 Jahren untergebracht werden [1]). Das gilt nicht für Gefangene, deren geistiger oder körperlicher Entwickelungszustand es unnötig macht, eine solche Trennung vorzunehmen.

Die Bestimmungen dieses Paragraphen sind bei der Verteilung der Gefangenen auf die Arbeitsräume entsprechend anzuwenden.

§ 17. Mitverdächtige Untersuchungsgefangene sind in getrennten Räumen unterzubringen; auch außerhalb der Hafträume dürfen sie miteinander keine Verbindung haben.

§ 18. Falls Zuchthaus, Gefängnis, Hafthaus, Untersuchungsgefängnis oder Arbeitshaus in derselben Anstalt vereinigt sind, können für Gefangene gleichen Geschlechts Krankenabteilung und Kirche gemeinsam benutzt werden. Geschieht das, so sollen die Gefangenen bei der Unterbringung, bei der Verteilung auf die Plätze und bei der Untersuchung durch den Arzt nach der Haftart getrennt gehalten werden.

Die §§ 2 und 16 schalten bei der Unterbringung erkrankter Gefangener aus.

Abschnitt IV.

Sichernde Maßnahmen.

§ 19. Gefangene, die fluchtverdächtig oder gewalttätig oder selbstmordverdächtig sind, und Gefangene, die sich außerhalb der Anstalt befinden, dürfen gefesselt werden. Die Art der Fesselung richtet sich nach den Ausführungsbestimmungen.

§ 20. Die Anstaltsbeamten dürfen die Hieb- und Schußwaffen, die sie im Dienst tragen, unter folgenden Voraussetzungen gegen die Gefangenen anwenden:

1. wenn ein Gefangener einen Beamten oder eine dritte Person in gefährlicher Weise angreift oder mit solchem Angriff bedroht;
2. wenn der Gefangene einen Gegenstand zur Hand hat, der zu einem gefährlichen Angriff taugt, und ihn trotz der Aufforderung des Beamten nicht ablegt;
3. wenn Gefangene sich in der Absicht, zu entweichen, zusammenrotten;
4. wenn Gefangene auf der Flucht sich der Wiederergreifung gewaltsam zu entziehen versuchen oder einer Aufforderung, stehen zu bleiben, nicht nachkommen.

§ 21. Bei gemeiner Gefahr können die Gefangenen zu notwendigen Hilfeleistungen herangezogen werden. Geschieht das, so findet § 28 entsprechende Anwendung.

---

[1]) Vgl. § 2 dieses Gesetzes.

§ 22. Ist bei gemeiner Gefahr der Aufenthalt in der Anstalt mit Lebensgefahr verbunden, so sind die Gefangenen abzutransportieren; ist dazu keine Zeit mehr, so können sie vorläufig entlassen werden. Die Entlassenen haben die Pflicht, sich selbst in der Anstalt wieder zu stellen oder sich auf der Polizeibehörde zu melden. Tun sie das binnen 24 Stunden nach der Entlassung nicht, so werden sie nach § 97 StGB. bestraft [1]).

§ 23. Die Anstaltsbeamten dürfen einen entwichenen Gefangenen nur innerhalb 48 Stunden nach seiner Entweichung wieder festnehmen.

§ 60 der StPO. bleibt unberührt [2]).

Abschnitt V.

Arbeit.

§ 24. Die Arbeit muß gesundheitlich einwandfrei und wirtschaftlich nützlich sein. Bei der Heranziehung der Gefangenen zur Arbeit ist Rücksicht zu nehmen auf die Strafdauer, ihren Gesundheitszustand, ihre Leistungsfähigkeit, ihren Beruf und ihr späteres Fortkommen.

Bei der Beschäftigung der Gefangenen unter 18 Jahren ist ferner den Erfordernissen ihrer Erziehung Rechnung zu tragen.

§ 25. An großen Feiertagen, am 1. und 2. Januar und am 31. Dezember ruht die Arbeit.

Ein Gefangener, der die Nachricht vom Tode seines Vaters oder seiner Mutter erhält, ist 3 Tage von der Arbeit zu befreien.

Der zuständige Minister ist berechtigt, auch sonst bei besonderem Anlaß Arbeitsruhe anzuordnen.

Küchenarbeiten, Hausarbeiten, Krankenpflege und die nötigen Verwaltungsarbeiten werden von der Arbeitsruhe nicht betroffen.

§ 26. Untersuchungsgefangene, Haftgefangene und Gefängnisgefangene, die bereit sind, zu arbeiten, können unter den eingeführten Arbeiten wählen.

§ 27. Der Arbeitsertrag fließt in die Staatskasse.

Die arbeitenden Gefangenen können nach näherer Vorschrift der Ausführungsbestimmungen eine Arbeitsbelohnung erhalten. Die Höhe der Arbeitsbelohnung richtet sich nach der Führung und der Arbeitsleistung der Gefangenen.

---

[1]) StGB. vom 23. April 1907.

§ 97. Ein Straf- oder Untersuchungsgefangener, der die Flucht ergreift, wird mit Zuchthaus bis zu einem Jahre bestraft.

[2]) StPO. vom 7. Oktober 1890.

§ 60. Wird jemand bei einer Handlung, die ein schweres Verbrechen ist oder die mit Gefängnis bedroht ist, auf frischer Tat betroffen oder verfolgt, so ist jedermann befugt, ihn festzunehmen.

An die Stelle dieser Vorschrift ist jetzt getreten: StPO. vom 5. Mai 1922:

§ 125. Abs. I. Wird jemand auf frischer Tat am Tatort betroffen, so ist jedermann befugt, ihn festzunehmen.

§ 130. Auf frischer Tat betroffen ist derjenige, der bei oder unmittelbar nach Ausführung einer strafbaren Handlung betroffen wird.

§ 28. Hat ein Gefangener sich bei der Arbeit eine Verletzung oder eine Krankheit zugezogen, die den Tod zur Folge gehabt oder ihn erwerbsunfähig gemacht oder in der Erwerbsfähigkeit beschränkt hat, so kann dafür eine angemessene Entschädigung in Geld gewährt werden.

Die Entschädigung wird dem Gefangenen bei seiner Entlassung, im Fall seines Todes seinen Eltern, seinem Ehegatten oder seinen Kindern ausgezahlt.

Abschnitt VI.

Seelsorge und Unterricht.

§ 29. Den Strafgefangenen muß Seelsorge zuteil werden. Anderen Gefangenen kann auf ihr Verlangen Seelsorge erteilt werden.

§ 30. Bei Strafgefangenen unter 18 Jahren muß für Erziehung gesorgt werden. Bei Strafgefangenen über 18 Jahren sind Erziehungsmaßnahmen zulässig, soweit dazu Anlaß besteht.

§ 31. Gefangene erhalten auf Verlangen Bücher und andere Druckschriften zum Lesen und Bilder zum Besehen.

Das Nähere regeln die Ausführungsbestimmungen.

Abschnitt VII.

Bekleidung, Lagerung, Beköstigung.

§ 32. Strafgefangene müssen Anstaltskleidung und Anstaltsbetten benutzen. Haftgefangenen kann die Benutzung eigener Kleidung, anderen Strafgefangenen kann die Benutzung eigener Leibwäsche auf eigene Kosten gestattet werden.

§ 33. Untersuchungsgefangene und zu Arbeitshaus Verurteilte tragen eigene Kleidung und benutzen eigenes Bettlager. Nötigenfalls kann beides von der Anstalt zur Verfügung gestellt werden.

Das Nähere regeln die Ausführungsbestimmungen.

§ 34. Bei der Beköstigung der Gefangenen ist Rücksicht zu nehmen auf ihren körperlichen Zustand, ihre Gesundheit, ihr Alter und ihre Arbeit.

§ 35. Untersuchungsgefangenen kann gestattet werden, sich selbst zu beköstigen.

Abschnitt VIII.

Gesundheitspflege und ärztliche Behandlung.

§ 36. Den Gefangenen wird das Haar kurz geschnitten und der Bart rasiert. Untersuchungsgefangenen kann Haar und Bart nicht gegen ihren Willen geschnitten werden, außer wenn es aus gesundheitlichen Gründen erforderlich ist.

§ 37. Die Gefangenen müssen ihre Hafträume selbst säubern.

§ 38. Den Gefangenen muß die für ihre Gesundheit nötige Bewegung im Freien gegeben werden.

§ 39. Die Gefangenen müssen sich der Pockenschutzimpfung und sonstigen ärztlichen Maßnahmen zur Verhütung ansteckender Krankheiten unterwerfen.

§ 40. Erkrankte Gefangene erhalten ärztliche Behandlung und werden, wenn es nötig ist, in die Krankenabteilung verlegt.

§ 41. Gefangene mit ansteckenden Krankheiten werden streng abgesondert. Sie dürfen mit Gesunden und anderen Kranken nicht in Berührung kommen. Das gilt nicht für Zuchthausgefangene, die als Pfleger von Gefangenen mit ansteckenden Krankheiten verwendet werden.

§ 42. Erkrankten Gefangenen kann gestattet werden, sich auf eigene Kosten eines Arztes eigener Wahl zu bedienen, wenn ihr Zustand dazu Anlaß gibt.

§ 43. Geisteskranke sowie Gefangene, die an einer ansteckenden Krankheit oder sonst an einer Krankheit leiden, für deren Behandlung die Gefangenenanstalt nicht eingerichtet ist, können in ein Krankenhaus überführt werden, wenn ihr Zustand dazu Anlaß gibt.

Gefangene, die nach dem vorstehenden Absatz in ein Krankenhaus überführt worden sind, gelten weiter als Gefangene.

§ 44. Die Bestimmungen für kranke Gefangene finden auf Schwangere, Wöchnerinnen, Gebrechliche und Krüppel entsprechende Anwendung.

Abschnitt IX.

Besuche und Schriftverkehr.

§ 45. Den Gefangenen kann gestattet werden, Besuche zu empfangen. Strafgefangene dürfen nur den Besuch von Verwandten empfangen; Ausnahmen können aus besonderem Anlaß gestattet werden.

§ 46. Die Gefangenen dürfen Briefe schreiben und empfangen.

Strafgefangene dürfen nur mit ihren Verwandten Briefe wechseln; Ausnahmen können aus besonderem Anlaß gestattet werden.

§ 47. Briefe mit unpassendem Inhalt werden nicht ausgehändigt und nicht abgesandt.

Solche Briefe können nach Ablauf von 2 Jahren vernichtet werden.

§ 48. Briefe von Gerichten und von anderen Behörden werden geöffnet und den Gefangenen ausgehändigt.

§ 49. Die in den vorstehenden Paragraphen bezeichneten Briefe werden, nachdem der Gefangene sie gelesen hat, von der Anstaltsverwaltung für ihn verwahrt.

§ 50. Die Anwesenheit eines Beamten beim Besuch, die Prüfung des Briefverkehrs und sonstige Beschränkungen des Besuchs- und Briefverkehrs regeln im Einzelnen die Ausführungsbestimmungen.

Abschnitt X.

Eingebrachte und eingehende Sachen.

§ 51. Sachen, die ein Gefangener bei der Aufnahme bei sich hat, werden durchsucht und für ihn verwahrt. Wertlose und sonst nicht zur

Verwahrung geeignete Sachen brauchen von der Anstalt nicht angenommen werden und brauchen, wenn sie angenommen waren, nicht weiter verwahrt zu werden.

Wenn der Gefangene über solche Sachen nicht in angemessener Weise verfügt, so können sie vernichtet werden [1].

§ 52. Wenn ein Gefangener den Wunsch hat, Sachen, die für ihn verwahrt werden, seinen Eltern, seinem Ehegatten oder seinen Kindern zu ihrer Unterstützung oder sonst zu zulässiger Verwendung zukommen zu lassen, so kann dem, wenn es tunlich ist, entsprochen werden.

§ 53. Geschenke für Gefangene dürfen angenommen werden. Das Nähere regeln die Ausführungsbestimmungen.

Läßt sich bei Geschenken, die für einen Gefangenen eingehen, der Name oder der Wohnort des Absenders nicht feststellen oder handelt es sich um Sachen, deren Aushändigung an den Gefangenen nicht zulässig ist oder deren Annahme er ablehnt, so können solche Sachen beschlagnahmt oder vernichtet werden [2].

§ 54. Sachen, deren Besitz ein Gefangener sich heimlich verschafft hat, können beschlagnahmt oder vernichtet werden [2].

§ 55. Die für einen Gefangenen verwahrten Sachen werden ihm bei der Entlassung wieder herausgegeben.

§ 56. Sachen, die ein verstorbener Gefangener hinterlassen hat, werden auf Verlangen seinen Erben, seinen Hausangehörigen [3] oder seinen Verwandten herausgegeben.

§ 57. Wird der Herausgabeanspruch von diesen Personen nicht binnen Jahresfrist nach dem Tode des Gefangenen geltend gemacht, so verfallen die Sachen des Verstorbenen zugunsten der Staatskasse.

Das Gleiche gilt für Sachen, die ein entwichener Gefangener in der Anstalt zurückgelassen hat, sofern sein Aufenthalt nicht binnen Jahresfrist nach seiner Entweichung ermittelt ist.

Abschnitt XI.

Vergünstigungen und Hausstrafen.

§ 58. Strafgefangene, die eine innere Wandlung erkennen lassen, können Vergünstigungen erhalten. Die Ausführungsbestimmungen regeln, welche Vergünstigungen zulässig sind und in welcher Weise sie gewährt werden.

§ 59. Gefangene, die gegen die Ordnung in der Anstalt verstoßen, können mit einer Hausstrafe belegt werden.

§ 60. Als Hausstrafen sind zulässig:

---

[1]) Vgl. § 6 dieses Gesetzes.

[2]) Vgl. § 6 dieses Gesetzes.

[3]) »Hausangehörige« brauchen in keinem Blutsverwandtschaftsverhältnis oder einem durch Ehe begründeten Verhältnis zueinander zu stehen. Tatsächliche Lebensgemeinschaft, die als solche rechtlich anerkannt und mit Rechtswirkungen verbunden ist.

1. Verweis.
2. Entziehung von Vergünstigungen bis zur Dauer von 3 Monaten.
3. Entziehung von Vergünstigungen auf unbeschränkte Zeit.
4. Verbot der Benutzung von Büchern und Schriften bis zur Dauer von 3 Monaten.
5. Entziehung der Selbstbeschäftigung bis zur Dauer von 10 Tagen.
6. Entziehung des Gebrauchs eigener Kleidung und eigener Betten bis zur Dauer von 15 Tagen.
7. Entziehung der Selbstbeköstigung bis zur Dauer von 15 Tagen.
8. Verlust der Bewegung im Freien bis zur Dauer von 5 Tagen.
9. Kürzung oder Verlust der gutgeschriebenen Arbeitsbelohnung.
10. Kostschmälerung bis zur Dauer von 7 Tagen.
11. Leichter Arrest bis zur Dauer von 2 Monaten.
12. Schwerer Arrest bis zur Dauer von 7 Tagen.

Arrest besteht in einsamer Einsperrung des Strafgefangenen in einer besonderen Strafzelle bei Tag und Nacht. Je nach der Art des Verstoßes kann auch die Arbeit entzogen werden.

Bei schwerem Arrest wird die Zelle verdunkelt und das Bett fortgenommen.

Die Hausstrafen der Ziffern 1—12 können miteinander verbunden werden.

§ 61. Die Hausstrafe nach Ziffer 10 des § 60 darf gegen Untersuchungsgefangene und gegen Gefangene unter 18 Jahren nicht verhängt werden.

§ 62. Eine Hausstrafe darf nicht vollzogen werden, soweit sie die Gesundheit des Gefangenen beeinträchtigen würde oder ihrem Vollzuge sonst ein triftiger Grund entgegensteht.

Von der Verhängung einer Hausstrafe kann abgesehen und eine verhängte Hausstrafe kann erlassen werden, wenn der Gefangene seine Verfehlung ernstlich bereut.

Abschnitt XII.

Entlassung.

§ 63. Ein Gefangener darf nur entlassen werden, wenn er begnadigt wird, wenn die zuständige Stelle seine Entlassung verfügt oder wenn seine Strafzeit abgelaufen ist. Die schriftlichen Unterlagen für die Entlassung sind sorgfältig zu prüfen.

§ 64. Wird ein Gefangener begnadigt oder vorläufig entlassen, so muß er binnen 24 Stunden nach dem Eintreffen der schriftlichen Nachricht davon in Freiheit gesetzt werden.

§ 65. Abgesehen von den im vorstehenden Paragraphen gedachten Fällen muß der Gefangene, dessen Entlassung angeordnet wird, binnen 10 Stunden nach Eintreffen des Entlassungsbefehls in Freiheit gesetzt werden.

§ 66. Ein Gefangener, der vorläufig entlassen wird, erhält einen Ausweis darüber.

Untersuchungsgefängnis Tokio, gebaut 1909—1914.

Untersuchungsgefängnis Tokio, Verwaltungs-Flügel.

Untersuchungsgefängnis Tokio. Tor-Eingang.

Untersuchungsgefängnis Tokio. Kirche.

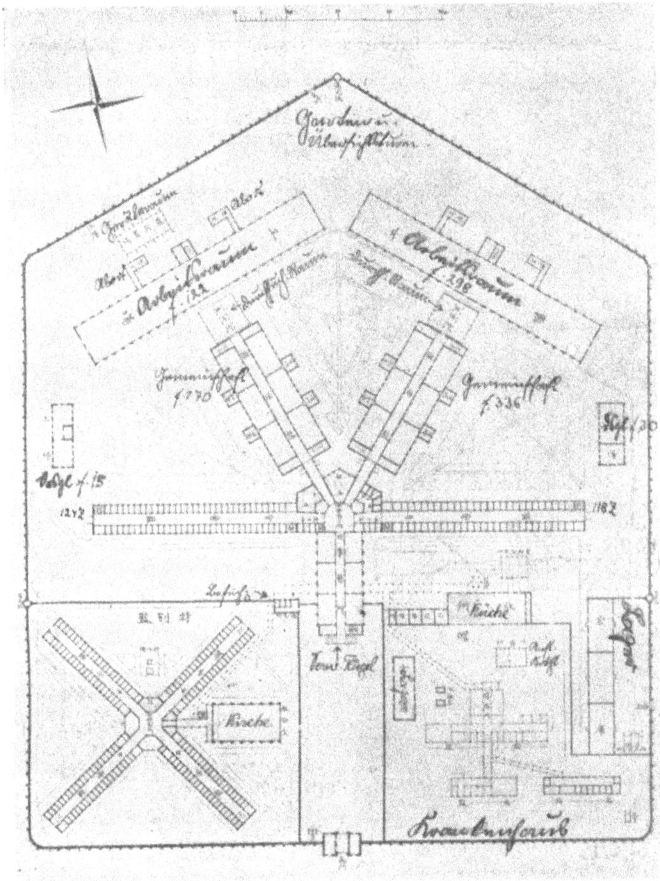

Untersuchungsgefängnis in Tokio, Lageplan.

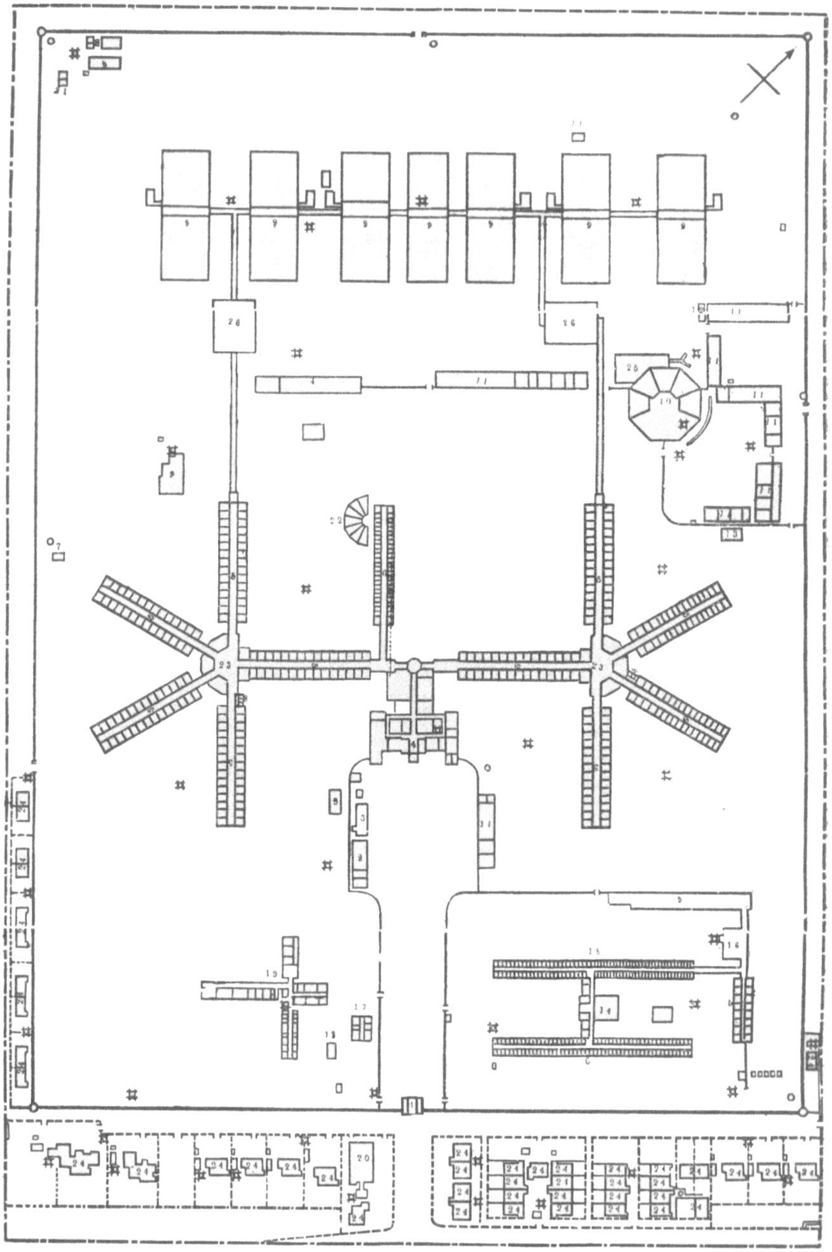

Lageplan des Strafgefängnisses zu Sugamo.

1. Torhaus.
2. Ausstellungshaus für Gefängnisarbeiten.
3. Raum für Beamtenfechtübungen „Jiu-ji-tsu“.
4. Büro.
5. Gemeinschaftsräume.
6. Einzelzellen.
7. Lazarett für Geisteskranke.
8. Strafzelle.
9. Werkstätten.
10. Kochküche und Badeanstalt.
11. Lagerhaus.
12. Prüfungsstätten für Materiallieferungen.
13. Desinfektionszimmer.
14. Unterrichtszimmer.
15. Schlafzellen.
16. Badeanstalt und Durchsuchungszimmer.
17. Medizinisches Laboratorium.
18. Leichenraum.
19. Krankenhaus mit Büro.
20. Lehrräume für Aufsichtsbeamte.
21. Staubverbrennungsplatz.
22. Spazierhöfe.
23. Aufsichtszentrale.
24. Beamtenwohnhäuser.
25. Effekteneinnahme und -ausgabe.
26. Durchsuchungszimmer.

§ 67. Vorläufig Entlassene [1]) sind verpflichtet, bis zum endgültigen Straferlaß die nachstehenden Vorschriften zu befolgen:

1. Sie müssen einem einwandfreien Erwerb nachgehen und sich gut führen.
2. Sie unterstehen polizeilicher Aufsicht. Die Polizei kann mit Genehmigung der Gefangenenanstalt die Aufsicht einer andern Stelle übertragen.
3. Zum Aufenthaltswechsel und zu Reisen von mehr als zehntägiger Dauer haben sie die Erlaubnis der die Aufsicht führenden Stelle einzuholen.

   Zu Auslandsreisen bedürfen sie der Erlaubnis des zuständigen Ministers.

§ 68. Ein Gefangener, dessen Strafzeit abgelaufen ist, muß bis spätestens 6 Uhr abends des folgenden Tages entlassen werden [2]).

§ 69. Ein Gefangener, der entlassen werden soll, aber von einer schweren Krankheit befallen ist und im Gefängnis ärztlich behandelt wird, kann auf seinen Wunsch und mit Einverständnis des Vorstehers der Gefangenenanstalt in ihr verbleiben.

§ 70. Einem Gefangenen, der entlassen wird und nicht das zur Heimreise erforderliche Reisegeld oder keine ausreichende Bekleidung besitzt, kann beides gewährt werden. Sind die Reisekosten dadurch erhöht worden, daß der Gefangene aus Verwaltungsrücksichten in eine andere Anstalt überführt worden war, so kann der Unterschiedsbetrag ohne weiteres gewährt werden.

Abschnitt XIII.

Todesstrafe und Behandlung der Leichen Verstorbener.

§ 71. Die Todesstrafe wird auf dem Anstaltshof vollstreckt. An großen Feiertagen und am 1. und 2. Januar sowie am 31. Dezember werden Hinrichtungen nicht vollzogen.

---

[1]) Die Voraussetzungen der »vorläufigen Entlassung« regelt § 28 des StGB. vom 23. 4. 1907, wie folgt:

> Der zu Zuchthaus oder Gefängnis Verurteilte kann, wenn anzunehmen ist, daß er sich gebessert hat, bei zeitiger Strafe nach Ablauf eines Drittels der Strafzeit, bei lebenslänglicher Strafe nach Ablauf von zehn Jahren durch Verfügung der Verwaltungsbehörde vorläufig entlassen werden.

Die Verhaltungsvorschriften für vorläufig Entlassene, bei deren Verletzung die Entlassung widerrufen werden kann, enthält in 20 Paragraphen eine Verordnung des Justizministers vom 10. 9. 1908.

[2]) Der Anfangstag der Strafverbüßung wird ohne Rücksicht auf die Stunde des Strafbeginnes als ein ganzer Tag gerechnet; die Entlassung erfolgt an dem dem Ablauf der Strafzeit folgenden Tage (§ 24 StGB.). Diese Bestimmung, in Verbindung mit dem vorstehenden § 68, enthebt den japanischen Vollstreckungs- und Vollzugsbeamten des ebenso umständlichen wie oft zeitraubenden und praktisch immer sinnlosen Ausrechnens der Haftzeit auf Stunden und Minuten.

§ 72. Beim Vollzuge der Todesstrafe muß der Körper des Erhängten darauf untersucht werden, ob der Tod eingetreten ist. Er darf nicht vor Ablauf von 5 Minuten vom Strange abgenommen werden.

§ 73. Verstorbene Gefangene werden vorläufig beigesetzt.

Wenn Anlaß dazu besteht, kann der Leichnam verbrannt werden.

Körper und Asche verstorbener Gefangener können 2 Jahre nach der vorläufigen Beisetzung in einem gemeinsamen Grab bestattet werden.

§ 74. Verwandten und sonst dem Toten nahestehenden Personen kann die Leiche oder die Asche auf Verlangen zur Bestattung überlassen werden. Das gilt nicht, wenn die Leiche oder Asche schon in einem gemeinsamen Grabe beigesetzt ist.

§ 75. Der Leichnam eines verstorbenen Gefangenen kann nach Maßgabe der Ausführungsbestimmungen einer Universitätsklinik oder einer anderen Behörde zur Sektion übergeben werden.

Schlußbestimmung.

Dieses Gesetz tritt am gleichen Tage wie das Strafgesetzbuch in Kraft [1]).

Die bisherigen Bestimmungen über den Strafvollzug treten außer Kraft.

II. Ausführungsverordnung zum Strafvollzugsgesetz. Vom 16. Juni 1908.

(Nr. 18 der Verordnungen des Justizministeriums.)

Abschnitt I.

Allgemeine Bestimmungen.

§ 1. Personen, die nach Maßgabe der Auslieferungsverordnung festgenommen sind, werden im Hafthause untergebracht.

Angehörige der Mannschaft eines ausländischen Schiffes, die auf Grund der hierüber ergangenen Verordnung [2]) festzuhalten sind, werden als Untersuchungsgefangene behandelt.

§ 2. Die Besichtigung einer Männeranstalt wird nur Männern, die Besichtigung einer Frauenanstalt nur Frauen gestattet. Ausnahmen bedürfen der Genehmigung des Justizministers.

Minderjährigen [3]) wird die Besichtigung von Gefangenenanstalten nicht gestattet.

---

[1]) 1. Oktober 1908.

[2]) Eine besondere, auf Grund internationaler Vereinbarung ergangene Verordnung über die Festnahme ausländischer Seeleute, die in einem japanischen Hafen von Bord entlaufen sind.

[3]) Volljährigkeit: Vollendung des 20. Lebensjahres.

Ausländer, die eine Anstalt besichtigen wollen, bedürfen der Genehmigung des Justizministers.

§ 3. Sucht jemand um die Erlaubnis zur Besichtigung einer Gefangenanstalt nach, so soll der Anstaltsvorsteher [1]) sich über den Namen, den Stand, den Beruf, den Wohnort, das Lebensalter des Besuchers und den Zweck der Besichtigung unterrichten und, wenn er die Besichtigung gestattet, dem Besucher die Bestimmungen über Anstaltsbesichtigungen bekanntgeben.

§ 4. Eingaben Gefangener an den Justizminister müssen schriftlich eingereicht werden.

Die Gefangenen dürfen die Eingaben verschließen. Die Anstaltsbeamten dürfen die Eingaben nicht öffnen.

Der Vorsteher hat solche Eingaben möglichst beschleunigt abzusenden.

§ 5. Gefangene können Gesuche und Beschwerden auch schriftlich oder mündlich dem vom Minister mit der Besichtigung der Anstalt Beauftragten vortragen.

Der Vorsteher soll im Petitionsbuch diejenigen Gefangenen vermerken, die die Absicht äußern, den Beauftragten zu sprechen.

Die Bestimmung des § 4 Abs. 2 findet auch hier Anwendung.

§ 6. Der Beauftragte soll die sich meldenden Gefangenen, soweit die Anwesenheit eines Anstaltsbeamten nicht erforderlich ist, in Abwesenheit von Anstaltsbeamten anhören.

§ 7. Der Beauftragte prüft das Vorbringen und entscheidet entweder selbst darauf oder unterbreitet es zur Entscheidung dem Justizminister.

Entscheidet der Beauftragte selbst, so soll er den wesentlichen Inhalt der Entscheidung im Petitionsbuch vermerken.

§ 8. Der Vorsteher hat die auf ein Gesuch ergangene Entscheidung dem Gefangenen unverzüglich mitzuteilen.

§ 9. Der Vorsteher soll wöchentlich einen oder mehrere Sprechtage für die Gefangenen abhalten, um ihnen Gelegenheit zu geben, Klagen über Anstaltsmaßnahmen oder auch Angelegenheiten persönlicher Art ihm zur Kenntnis zu bringen.

Die Gefangenen, die sich zum Sprechtag melden, sind im Sprechbuch vorzumerken. Sie sind nach der Reihenfolge der Eintragung zu hören. Der Vorsteher soll seine Stellungnahme zu dem Vorbringen des Gefangenen ihrem wesentlichen Inhalt nach im Sprechbuch vermerken.

§ 10. Soweit in dieser Verordnung nichts Besonderes bestimmt ist, finden die Vorschriften für Zuchthausgefangene auf die Insassen des Arbeitshauses entsprechende Anwendung.

---

[1]) Die hier und in den folgenden Paragraphen der Ausführungs-Verordnung dem Vorsteher zugeschriebenen Aufgaben brauchen nicht von ihm persönlich wahrgenommen zu werden, sondern können einem durch die Geschäftsverteilung dazu bestimmten Anstaltsbeamten übertragen werden. Die Ausdrucksweise soll nur kennzeichnen, daß der Vorsteher für die Ausführung dieser Vorschriften die persönliche Verantwortung trägt.

Abschnitt II.

Aufnahme.

§ 11. Bei der Aufnahme eines Gefangenen ist dem Begleitbeamten eine Ablieferungsbescheinigung zu erteilen. Sie muß den Namen des Gefangenen, den Tag der Aufnahme und den Namen des aufnehmenden Beamten enthalten.

§ 12. Werden von einer Gefangenen Kinder in die Anstalt eingebracht, deren Aufnahme nicht gestattet wird und für die auch sonst keine geeignete Unterkunft vorhanden ist, so sollen die Kinder der Kommunalbehörde übergeben werden, in deren Bezirk die Anstalt liegt.

Dies gilt auch für Kinder, die in die Anstalt mitgebracht sind und in ihr das erste Lebensjahr vollendet haben oder deren weiterer Verbleib in der Anstalt aus anderen Gründen nicht gestattet werden kann, soweit sie nicht anderweit in geeigneter Weise untergebracht werden können.

§ 13. Der Anstaltsarzt soll den körperlichen Befund des Gefangenen bei der Aufnahme feststellen.

§ 14. Sofern die Anstalt eine geeignete Krankenabteilung oder sonst geeignete Einrichtungen zur Unterbringung von Gefangenen mit ansteckenden Krankheiten besitzt, sollen auch solche Gefangene aufgenommen werden, für die Vorbeugungsmaßnahmen nach den Vorschriften zur Verhütung der Verbreitung ansteckender Krankheiten nötig sind.

§ 15. Wird die Aufnahme eines Gefangenen nach § 13 des StrVG. abgelehnt, so sind davon sofort die Strafvollstreckungsbehörde, die nächste Polizeibehörde und unter Mitteilung der besonderen Umstände des Falles auch der Justizminister zu benachrichtigen.

§ 16. Stellt sich bei der Aufnahme eines Gefangenen heraus, daß eine der im § 319 Abs. II StrPO. [1]) gegebenen Voraussetzungen auf ihn zutrifft, so soll er gleichwohl aufgenommen werden. Die Staatsanwaltschaft soll hiervon unter Beifügung einer Äußerung des Anstaltsarztes sofort benachrichtigt werden.

Diese Bestimmung findet auf bereits aufgenommene Gefangene entsprechende Anwendung.

---

[1]) § 319 Abs. 2 der StrPO. vom 7. Oktober 1890 ist ersetzt durch die §§ 544 und 546 der StrPO. vom 5. Mai 1922. Diese lauten:

§ 544. Wenn ein zu Zuchthaus, Gefängnis oder Haft Verurteilter geisteskrank ist, so hat der Staatsanwalt desjenigen Gerichts, das das Urteil gefällt hat, oder desjenigen Landgerichts, in dessen Bezirk der Verurteilte sich aufhält, anzuordnen, daß die Vollstreckung der Strafe bis zur Wiederherstellung des Verurteilten aufgeschoben wird.

§ 546. Der Staatsanwalt desjenigen Gerichts, das das Urteil gefällt hat, oder desjenigen Landgerichts, in dessen Bezirk der Verurteilte sich aufhält, kann die Strafvollstreckung gegen einen zu Zuchthaus, Gefängnis oder Haft Verurteilten aufschieben, wenn eine der folgenden Voraussetzungen zutrifft:

1. Wenn von der Strafvollstreckung ein schwerer Schaden für die Gesundheit des Verurteilten oder eine Gefährdung seines Lebens zu befürchten ist;

§ 17. Jeder Gefangene soll bei der Aufnahme ein Bad erhalten, es sei denn, daß er krank ist, oder daß sonst ein wichtiger Grund dem entgegensteht.

Das Baden und die körperliche Durchsuchung weiblicher Gefangener darf nur von Frauen vorgenommen werden.

Diese Bestimmung findet auf bereits aufgenommene weibliche Gefangene entsprechende Anwendung.

§ 18. Jeder Gefangene erhält eine Nummer. Das Nummernzeichen wird während des Aufenthaltes in der Anstalt auf dem Rockaufschlag oder am Brustteil des Rockes getragen. Außerhalb der Anstalt kann das Nummernzeichen abgelegt werden.

§ 19. Der Vorsteher soll jeden Gefangenen mit den Verhaltungsvorschriften für Gefangene bekanntmachen und ihm den Tag des Beginnes und des Endes des Strafvollzuges mitteilen.

Der Vorsteher soll die Lebensverhältnisse des Aufzunehmenden prüfen und das Ergebnis auf dem Personalbogen des Gefangenen vermerken.

Soweit es für diese Prüfung nötig ist, hat der Vorsteher beim Gericht, bei der Polizeibehörde, bei der Kommunalbehörde oder bei Privatpersonen, die mit den Lebensverhältnissen des Gefangenen vertraut sind, über diese Verhältnisse Erkundigungen einzuziehen.

§ 20. Von jedem Gefangenen kann nach näherem Ermessen des Vorstehers bei der Aufnahme ein Lichtbild angefertigt werden. Das gilt entsprechend für bereits aufgenommene Gefangene.

§ 21. Jeder neu aufgenommene Gefangene ist während der ersten 3 Tage in Einzelhaft unterzubringen, es sei denn, daß er krank ist oder daß dies sonst nicht möglich ist. Während dieser Zeit erhält der Gefangene keine Bücher oder Bilder. Zuchthausgefangenen kann während dieser Zeit die Arbeit vorenthalten werden.

§ 22. Innerhalb dieser 3 Tage sind die erforderlichen Eintragungen in den Personalakten, im Familienstandsverzeichnis, Namensverzeichnis und im Entlassungskalender vorzunehmen.

Ein Abdruck der Verhaltungsvorschriften für Gefangene soll sich in jedem Haftraum befinden.

---

2. wenn der Verurteilte über 70 Jahre alt ist;
3. vom sechsten Monat des Bestehens der Schwangerschaft an;
4. während der beiden ersten Monate nach der Entbindung;
5. wenn bei Vollstreckung der Strafe *) mit einem nicht wieder gut zu machenden Schaden für den Verurteilten gerechnet werden muß;
6. wenn ein Großvater, eine Großmutter, der Vater oder die Mutter des Verurteilten über 70 Jahre alt sind oder an einer schweren hilflos machenden Krankheit leiden und andere zum Unterhalt verpflichtete Abkömmlinge nicht vorhanden sind;
7. wenn sonst ein wichtiger Grund vorliegt.

*) Abgesehen von dem Fall unter Ziffer 1.

Abschnitt III.

Unterbringung.

§ 23. Gefangene in Einzelhaft sollen vom Verkehr mit anderen Gefangenen ferngehalten und Tag und Nacht in einer Einzelzelle untergebracht werden. Das gilt nicht bei Vorführungen, bei der Bewegung im Freien, beim Bad, bei Besuchen, beim Gottesdienst, bei ärztlichen Untersuchungen und in sonst gleichliegenden Fällen.

§ 24. Untersuchungsgefangene sind möglichst in Einzelhaft unterzubringen.

§ 25. Bei der Unterbringung von Strafgefangenen in Einzelhaft sollen, soweit in dieser Verordnung nichts Besonderes bestimmt ist, vorzugsweise berücksichtigt werden:

1. Gefangene mit einer Strafzeit von weniger als 2 Monaten;
2. Gefangene, die das 25. Lebensjahr noch nicht erreicht haben;
3. Erstmalig Bestrafte;
4. Gefangene mit längerer Strafzeit während der ersten 2 Monate ihrer Strafverbüßung.

Gefangene, gegen die eine Untersuchung wegen einer weiteren Straftat oder wegen einer während der Strafzeit begangenen Straftat schwebt, sollen möglichst in Einzelhaft untergebracht werden.

Gefangene, auf die die vorstehenden Voraussetzungen nicht zutreffen, können ebenfalls in Einzelhaft untergebracht werden, wenn genügend Einzelzellen vorhanden sind.

§ 26. Einzelhaft ist unzulässig für Gefangene, die körperlich oder geistig dadurch Schaden leiden würden.

§ 27. Die Einzelhaft darf nicht über 2 Jahre hinaus andauern. Aus wichtigen Gründen kann nach Ablauf dieser Frist die Einzelhaft von sechs zu sechs Monaten verlängert werden.

Gefangene unter 18 Jahren dürfen, wenn nicht ein wichtiger Grund dafür vorliegt, nicht länger als 6 Monate in Einzelhaft gehalten werden.

§ 28. Der Anstaltsvorsteher und der Anstaltsarzt sollen mindestens einmal im Monat die in Einzelhaft untergebrachten Gefangenen besuchen, außerdem sollen diese Gefangenen täglich mehrmals von anderen Anstaltsbeamten besucht werden.

§ 29. In Einzelhaft untergebrachte Frauen dürfen außer von dem Anstaltsvorsteher, dem Arzt, dem Geistlichen und der Aufseherin nicht ohne Gegenwart dritter Personen von Beamten besucht werden. Das gilt auch für den Besuch der in Schlafzellen untergebrachten Frauen.

§ 30. Die Anstaltsbeamten, die die in Einzelhaft untergebrachten Gefangenen besuchen, sollen dem Anstaltsvorsteher ihre Eindrücke melden.

§ 31. Die in § 25 Abs. 1 und 2 erwähnten Gefangenen und diejenigen Gefangenen, deren Unterbringung in Einzelhaft nach Ablauf der dafür vorgesehenen Zeit noch für nötig erachtet wird, sollen, wenn sie wegen

Mangels an Zellen nicht in Einzelhaft untergebracht werden können, für die Nacht in Schlafzellen untergebracht werden.

§ 32. Die in Schlafzellen untergebrachten Gefangenen, die an der Anstaltsarbeit nicht teilnehmen, sollen auch am Tage in ihrer Zelle verbleiben.

§ 33. Die Insassen des Arbeitshauses dürfen nicht mit Gefangenen zusammen in denselben Hafträumen und Arbeitsräumen untergebracht werden.

§ 34. Kranke und Krüppel dürfen nicht mit gesunden Gefangenen in denselben Hafträumen untergebracht werden; diese Bestimmung erstreckt sich nicht auf die zur Krankenpflege herangezogenen Gefangenen.

§ 35. In Räumen für Gemeinschaftshaft sollen mindestens 3 Personen zusammen untergebracht werden; eine Ausnahme ist nur zulässig bei Gefangenen, die in ärztlicher Behandlung stehen oder sonst aus wichtigen Gründen.

§ 36. In den Räumen für Gemeinschaftshaft, in den Arbeitsräumen, in der Schule und in der Küche erhält jeder Gefangene einen bestimmten Platz angewiesen. Die Gefangenen dürfen sich nicht miteinander unterhalten.

§ 37. Die Hafträume werden nicht mit Sitzmatten ausgestattet. Von dieser Einschränkung kann im Untersuchungsgefängnis, in der Frauenanstalt und in Anstaltskrankenräumen abgesehen werden.

§ 38. Die Räume für Gemeinschaftshaft dürfen nicht als Arbeitsräume benutzt werden, es sei denn, daß zwingende Gründe dazu nötigen.

§ 39. Vor jedem Haftraum ist eine Karte anzubringen, auf deren oberem Teil Name, Lebensalter, Straftat, Strafart, Strafzeit, Haftdauer und Vorstrafen der darin untergebrachten Gefangenen zu vermerken sind; der untere Teil der Karte trägt nur Nummer und Aufnahmetag. Der Oberteil soll verdeckt gehalten werden.

§ 40. Vor jedem Gemeinschaftsraum ist eine Tafel anzubringen, die den Luftinhalt und die Belegungsfähigkeit des Raumes sowie die Zahl der darin untergebrachten Gefangenen vermerkt.

Abschnitt IV.

Sichernde Maßnahmen.

§ 41. Personen, die die Anstalt betreten oder verlassen, sind streng zu überwachen. Sachen, die sie mit sich führen, sollen, wenn Anlaß dazu besteht, nachgesehen werden.

Außerhalb der Dienststunden darf außer den Anstaltsbeamten niemand ohne besondere Erlaubnis die Anstalt betreten oder verlassen.

§ 42. Das Außentor der Anstalt, die Innentore, die Hafträume, die Arbeitsräume und alle Räume, in denen sich sonst noch Gefangene befinden, sind stets verschlossen zu halten. Wenn sie geöffnet werden müssen, so müssen die für die Überwachung wichtigen Stellen besonders unter Aufsicht gehalten werden.

Die Schlüssel befinden sich in der Obhut bestimmter Beamten und dürfen, außer in den Fällen, in denen sie gebraucht werden, nicht an andere Personen ausgehändigt werden.

§ 43. Die Anstaltsbeamten dürfen nur auf ausdrückliche Anweisung des Anstaltsvorstehers die Hafträume ohne Gegenwart eines zweiten Beamten öffnen oder Gefangene aus ihnen herauslassen. Dies gilt nicht für die Krankenabteilung.

§ 44. Zur Erleichterung der Aufsicht dürfen Gegenstände, die die freie Übersicht hindern oder die Sicherheit beeinträchtigen, nicht auf den Anstaltshöfen herumstehen oder liegen. Befinden sich Leitern oder sonst zum Übersteigen geeignete Gegenstände auf den Höfen, so müssen sie fest angeschlossen werden.

§ 45. Der Vorsteher muß darüber wachen, daß die Anstaltsbeamten die Hafträume täglich mindestens einmal nachsehen.

§ 46. Der Vorsteher muß darüber wachen, daß die Anstaltsbeamten Körper und Kleidung der Gefangenen, die von der Arbeitsstätte oder von außerhalb der Anstalt in die Hafträume zurückkehren, durchsuchen.

§ 47. Wenn aus Sicherheitsgründen die Absonderung eines Gefangenen nötig wird, so ist er in einer Einzelzelle unterzubringen.

§ 48. Die Fesselung darf auf folgende Arten vorgenommen werden:

1. mittels der Zwangsjacke;
2. mit eiserner Kugel (Dai);
3. mit Handschellen;
4. mit Verbindungsfessel (Rensa);
5. mit Knebelschnur.

Bei der Anwendung der eisernen Kugel (Dai) wird die eiserne Fessel an eine Eisenkugel angeschlossen und mittels eines Gürtels um die Hüften des Gefangenen befestigt.

Bei der Anwendung der Verbindungsfessel (Rensa) werden zwei Gefangene mittels miteinander verbundener Hüftgürtel aneinandergeschlossen.

§ 49. Die Fesselung darf nicht ohne Anweisung des Vorstehers angewendet werden.

§ 50. Es dürfen angewendet werden:

Die Zwangsjacke bei gefährlichen gewalttätigen Zuchthausgefangenen; die eiserne Kugel (Dai) bei fluchtverdächtigen oder gewalttätigen Zuchthausgefangenen; die Handschellen und die Knebelschnur bei gewalttätigen oder fluchtverdächtigen oder selbstmordverdächtigen Gefangenen sowie bei Gefangenen auf dem Transport; die Verbindungsfessel (Rensa) bei Zuchthausgefangenen während der Arbeit außeralb der Anstalt.

Die Zwangsjacke darf ohne Unterbrechung nur bis zur Dauer von sechs Stunden angewendet werden, die eiserne Kugel nur bis zur Dauer von 6 Monaten, wenn beide Beine gefesselt sind, und bis zur Dauer eines Jahres, wenn ein Bein gefesselt ist.

Zwangsjacke und eiserne Kugel dürfen nicht während des Transports eines Gefangenen angewendet werden.

§ 51. Über jede Anwendung der Hieb- oder Schußwaffen gegen Gefangene hat der Vorsteher sofort dem Justizminister zu berichten.

§ 52. Der Vorsteher kann aus Zuchthausgefangenen mit einer Strafzeit von mindestens 1 Jahr, die die Hälfte der Strafzeit schon verbüßt haben, eine Anstaltsfeuerwehr bilden.

§ 53. Werden Gefangene nach § 22 des Strafvollzugsgesetzes entlassen, so soll ihnen dabei bekanntgegeben werden, wann und wo sie sich wieder zu stellen haben.

§ 54. Ein Gefangener, der nach einem andern Ort überführt werden soll, ist vorher von dem Anstaltsarzt zu untersuchen; die Überführung hat vorläufig zu unterbleiben, wenn eine gesundheitliche Schädigung des Gefangenen von ihr zu besorgen ist.

Die Unterlassung der Überführung ist den beteiligten Behörden mitzuteilen.

§ 55. Während der Überführung sind Männer und Frauen voneinander getrennt zu halten. Das gilt auch für Untersuchungsgefangene, deren Straftaten zueinander Beziehung haben.

Untersuchungsgefangene und Gefangene unter 18 Jahren sollen bei der Überführung von anderen Gefangenen getrennt gehalten werden.

§ 56. Wenn ein Gefangener entwichen ist, so soll der Vorsteher unter Mitteilung der Personalbeschreibung hiervon die Polizeibehörden am Ort und in der Nähe der Anstalt benachrichtigen; ebenso auch die Polizeibehörde desjenigen Ortes, nach dem der Entwichene sich voraussichtlich gewandt hat.

§ 57. Die näheren Umstände der Entweichung hat der Vorsteher dem Justizminister anzuzeigen. Das gilt auch für den Fall der Wiederergreifung des Entwichenen.

Bei der Flucht eines Untersuchungsgefangenen sind die näheren Umstände der Entweichung und der Wiederergreifung außer den vorerwähnten Stellen auch der Staatsanwaltschaft mitzuteilen.

Abschnitt V.

Arbeit.

§ 58. Die Arbeitszeit der Gefangenen bestimmt der Justizminister.

Der Vorsteher kann je nach den örtlichen oder baulichen Verhältnissen der Anstalt und nach der Art der Arbeit mit Ermächtigung des Justizministers die Arbeitszeit verlängern oder verkürzen.

Die Arbeitszeit von Gefangenen, die sich selbst beschäftigen, kann bis zu 2 Stunden täglich verkürzt werden.

Die Zeit für den Unterricht, für die Seelsorge und für die Bewegung im Freien kann in die Arbeitszeit eingerechnet werden.

§ 59. Die in der Anstalt einzuführenden Arbeiten bedürfen der Genehmigung des Justizministers.

§ 60. Die Arbeit soll für jeden Gefangenen nach Art und Tagesmaß festgesetzt und ihm bekanntgegeben werden.

§ 61. Das tägliche Arbeitsmaß ist unter Berücksichtigung der durchschnittlichen Leistungsfähigkeit und der Arbeitszeit gemäß § 58 Abs. 1 für alle Gefangenen gleich festzusetzen.

Für Arbeiten, für die sich ein Tagesmaß nicht festsetzen läßt, behält es bei der Arbeitszeit nach § 58 Abs. 1 sein Bewenden.

Für Strafgefangene unter 18 Jahren, Gebrechliche, Kranke und Krüppel kann ohne Rücksicht auf diese Bestimmungen das Arbeitsmaß je nach Maßgabe ihrer Leistungsfähigkeit besonders festgesetzt werden.

§ 62. Ist die Arbeit derart, daß sie während der vorgesehenen Arbeitszeit nicht ununterbrochen geleistet werden kann, so kann dem Gefangenen im Wechsel damit noch eine Arbeit anderer Art zugewiesen werden.

§ 63. Ein Gefangener, der das vorgeschriebene Tagesmaß geleistet hat, hat bis zum Schluß der Arbeitszeit weiterzuarbeiten.

§ 64. Der Gefangene darf die einmal gewählte Arbeit nicht ohne wichtigen Grund unterbrechen, einstellen oder wechseln.

§ 65. Gefangene dürfen mit Genehmigung des Justizministers auch in einem Unternehmerbetrieb beschäftigt werden.

§ 66. Untersuchungsgefangene dürfen nicht mit Arbeiten außerhalb der Anstalt beschäftigt werden.

Falls nicht wichtige Gründe zu einer Abweichung nötigen, dürfen auch Strafgefangene mit Strafen unter 6 Monaten nicht mit Arbeiten außerhalb der Anstalt beschäftigt werden, ebenso nicht Gefangene mit längerer Strafdauer vor Verbüßung der ersten drei Monate. Diese Bestimmung gilt nicht für Strafgefangene unter 18 Jahren, die mit landwirtschaftlichen Arbeiten beschäftigt werden.

§ 67. Der Vorsteher soll die Arbeitsleistung der einzelnen Gefangenen täglich prüfen lassen.

§ 68. Zum Schluß eines jeden Monats wird das Arbeitsergebnis des ganzen Monats zusammengerechnet. Das danach auf den einzelnen Gefangenen durchschnittlich entfallende Arbeitsergebnis bildet die Grundlage für die Beurteilung der Angemessenheit der festgesetzten Tagesmaße.

Für die in § 61 Abs. 2 erwähnten Arbeiten ist unter Zugrundelegung der Summe der im einzelnen Monat geleisteten Arbeitsstunden entsprechend zu verfahren.

§ 69. Sobald das Arbeitsergebnis nach Maßgabe des vorstehenden Paragraphen festgestellt worden ist, wird die Arbeitsbelohnung der Gefangenen errechnet.

§ 70. Eine Arbeitsbelohnung wird den Gefangenen in folgenden Fällen nicht gutgebracht:

1. im Einlieferungsmonat und den ersten fünf darauf folgenden Monaten;

2. im Entlassungsmonat;
3. bei schlechter Führung und dadurch bedingter mangelhafter Arbeitsleistung des Gefangenen.

Gefangenen, die im Laufe des Monats weniger als 15 Tage beschäftigt waren, braucht eine Arbeitsbelohnung nicht gutgebracht zu werden.

§ 71. Bei Festsetzung der Arbeitsbelohnung sollen nach näherer Bestimmung des Justizministers die Führung und die Gesinnung des Gefangenen und die von ihm geleistete Arbeit nach Art, Maß und Güte berücksichtigt werden.

§ 72. Zu der nach den vorstehenden Paragraphen festgesetzten Arbeitsbelohnung kann denjenigen Gefangenen, die mit Arbeiten der im § 25 Abs. 4 des Strafvollzugsgesetzes gedachten Art beschäftigt sind, ein Zuschlag gewährt werden.

§ 73. Wenn ein Gefangener im Arbeitsbetriebe vorsätzlich oder grob fahrlässig Schaden anrichtet, insbesondere die Arbeitsgeräte, die angefertigten Sachen oder die Rohstoffe beschädigt oder zerstört, so kann seine Arbeitsbelohnung um einen entsprechenden Betrag bis zur Höhe des von ihm angerichteten Schadens vermindert werden.

§ 74. Jedem arbeitenden Gefangenen ist bis zum 15. jedes Monats der Betrag seiner Arbeitsbelohnung für den vorgehenden Monat bekanntzugeben.

§ 75. Die Arbeitsbelohnung kann einem Gefangenen ganz oder zum Teil vorenthalten werden, wenn er ihrer nach seinen Verhältnissen nicht bedarf.

Die Arbeitsbelohnung wird dem Gefangenen bei der Entlassung ausgehändigt. Bei der Aushändigung der Arbeitsbelohnung können dem Gefangenen für ihre Verwendung Bedingungen auferlegt werden, wenn dazu besonderer Anlaß besteht.

§ 76. Einem Strafgefangenen, dessen Arbeitsbelohnung mindestens 10 Yen [1]) beträgt, kann schon während des Aufenthalts in der Gefangenanstalt nach Maßgabe der vorliegenden Verhältnisse gestattet werden, bis zur Höhe von einem Drittel der Summe zur Unterstützung seines Vaters, seiner Mutter, seiner Ehefrau oder seiner Kinder, ferner zum Ersatz des durch seine Tat angerichteten Schadens sowie zur Anschaffung von Büchern oder sonstigen Sachen nötigen Gebrauchs über seine Arbeitsbelohnung zu verfügen.

Wenn es im dringenden Interesse des Gefangenen liegt, kann von diesen Beschränkungen der Verwendung seiner Arbeitsbelohnung abgesehen werden.

§ 77. Untersuchungsgefangenen, denen eine Arbeitsbelohnung gutgebracht ist, kann nach Maßgabe der vorliegenden Verhältnisse gestattet werden, zur Unterstützung ihres Vaters, ihrer Mutter, ihrer Ehefrau oder

---

[1]) 1 Yen = 2 RM.

ihrer Kinder oder zu sonst beachtlichen Zwecken während ihres Aufenthalts in der Gefangenanstalt über die Arbeitsbelohnung zu verfügen.

§ 78. Die Arbeitsbelohnung eines Gefangenen, der entwichen ist und nicht innerhalb 6 Monaten wieder ergriffen wird, verfällt.

§ 79. Die Höhe der in den §§ 21 und 28 des Strafvollzugsgesetzes vorgesehenen Geldentschädigung bestimmt der Justizminister.

Abschnitt VI.

Seelsorge und Unterricht.

§ 80. Die Seelsorge [1]) soll an Ruhetagen oder Sonntagen gepflegt werden.

Der Vorsteher kann für die Seelsorge auch andere Tage zulassen.

§ 81. Untersuchungsgefangenen und solchen Strafgefangenen, die sich in der Krankenabteilung oder in Einzelhaft befinden, soll in ihren Hafträumen Seelsorge gewährt werden.

§ 82. Ein Gefangener, der wegen des Todes seines Vaters oder seiner Mutter von der Arbeit befreit ist, soll in eine Einzelzelle verlegt werden und täglich geistlichen Zuspruch erhalten.

Dem Gefangenen kann auf seinen Wunsch gestattet werden, für den Verstorbenen die kanonischen Gebete zu lesen.

83. Die Begnadigung und die vorläufige Entlassung eines Gefangenen sowie die Verleihung von Stufenabzeichen an Gefangene soll in Gegenwart aller Gefangenen der Anstalt in feierlicher Form ausgesprochen und zum inneren Ansporn für die Gefangenen benutzt werden.

§ 84. Beim Tode eines Strafgefangenen sollen diejenigen Gefangenen, die dem Verstorbenen nahestanden, an seinem Sarg versammelt und zum Guten ermahnt werden.

§ 85. Strafgefangene, für die nach § 30 des Strafvollzugsgesetzes besondere Erziehungsmaßnahmen zu treffen sind, sollen täglich 4 Stunden in den Lehrfächern der Volksschule, insbesondere in Sittenlehre, Lesen, Rechnen und Schreiben unterrichtet werden.

Strafgefangene, die die Volksschule bis zur obersten Klasse besucht haben oder sonst den Lehrstoff der Volksschule beherrschen, sollen je nach ihrem Bildungsgrade täglich zwei Stunden geeigneten Fortbildungsunterricht erhalten.

§ 86. Bücher und Bilder, die für die Anstaltsordnung abträglich sind, werden nicht zugelassen.

Tageszeitungen und sonstige Schriften, die sich mit der Erörterung der Tagesereignisse befassen, werden nicht zugelassen [2]).

---

[1]) Nicht nur Pflege des religiösen Bedürfnisses, sondern auch »weltliche« Seelsorge im Sinne von ethischer Beeinflussung.

[2]) Vgl. § 142 der Ausführungs-Verordnung.

§ 87. Gefangene in Gemeinschaftshaft dürfen nicht mehr als 2 Bücher auf einmal erhalten; für Wörterbücher können Ausnahmen zugelassen werden.

§ 88. Gefangenen in Einzelhaft kann die Benutzung eigenen Schreibgeräts und -papiers gestattet werden.

Abschnitt VII.

Bekleidung, Lagerung, Beköstigung.

§ 89. Die Gefangenen erhalten zur Bekleidung, zur Lagerung und darüber hinaus zum persönlichen Gebrauch folgende Gegenstände:

Zur Bekleidung:
1. ungefütterte Kleider,
2. gefütterte Kleider,
3. wattierte Kleider,
4. Unterhemden,
5. Gürtel,
6. Lendentücher,
7. Beinkleider. Frauen erhalten statt dessen einen Schurz.

Zur Lagerung:
1. Futon [1]),
2. Bettlaken,
3. Keilkissen,
4. Moskitonetz.

Zum sonstigen Gebrauch:
1. Handtücher,
2. Regenumhänge,
3. Mützen,
4. Fußbekleidung,
5. Zahnbürsten.

Beinkleid und Schurz erhalten nur die arbeitenden Gefangenen.

Zur Körperpflege wird Reinigungspapier und Zahnpulver oder Salz verabfolgt.

Zum persönlichen Gebrauch des Gefangenen können mit Genehmigung des Justizministers nach Bedarf auch weitere Gegenstände zugelassen werden.

§ 90. Jeder Gefangene erhält von den zur Kleidung, zur Lagerung und zum persönlichen Gebrauch bestimmten Gegenständen je ein Stück. Dies gilt nicht für das Moskitonetz.

Arbeitende Gefangene erhalten daneben für die Arbeit besondere Kleidungsstücke.

Wieviel Reinigungspapier, Zahnpulver oder Salz zu verabfolgen ist, bestimmt der Vorsteher

Erkrankte Gefangene erhalten Kleidung, Lagerung und die zum persönlichen Gebrauch bestimmten Gegenstände je nach Bedarf.

---

[1]) Matratze und wattierte Decke oder Wolldecke.

Wenn die Umstände es erfordern, kann der Vorsteher mit Genehmigung des Justizministers die Liste der nach Abs. 1 und 2 auszuhändigenden Sachen abändern.

§ 91. Strafgefangene erhalten rotbraune [1]) Kleidung.

Folgende Kleidungs- und Lagerungsgegenstände sind von hellblauer Farbe:

1. die an Untersuchungsgefangene verabfolgte Bekleidung;
2. die an Insassen des Arbeitshauses verabfolgte Bekleidung;
3. die Bekleidung der Strafgefangenen unter 18 Jahren;
4. die Bekleidung derjenigen Strafgefangenen, denen es als Vergünstigung besonders gewährt worden ist;
5. das Futon.

§ 92. Der Gebrauch eigener Kleidung und eigenen Bettlagers wird nur gestattet, wenn die Sachen der Jahreszeit, der Anstaltsordnung und den Anforderungen der Gesundheitspflege entsprechen.

Welche Gegenstände und wieviel Stücke davon zu benutzen sind, bestimmt der Vorsteher.

§ 93. Die eigene Kleidung und das eigene Bettlager müssen in angemessenen Zeitabschnitten gewechselt, instand gesetzt und gereinigt werden.

Wird die eigene Kleidung oder das eigene Bettlager des Gefangenen in der Anstalt instand gesetzt oder gereinigt, so hat er die Kosten dafür zu tragen.

§ 94. Die Kost der Gefangenen besteht aus:

1. Meshi (Körnerspeise) aus 40 % poliertem Reis dritter Güte und 60 % Gerste bis zu 3 Go [2]) täglich;
2. Zuspeise bis zum Betrage von 5 Sen [3]) täglich.

Der Vorsteher ist befugt, mit Genehmigung des Justizministers die Beköstigung je nach den örtlichen Verhältnissen, dem Preis der Nahrungsmittel und den gesundheitlichen Erfordernissen abzuändern.

Der Vorsteher kann mit Genehmigung des Justizministers auch die Kostmenge vergrößern, wenn die Arbeit der Gefangenen es erfordert.

§ 95. Als Getränk wird gekochtes Wasser verabfolgt; soweit erforderlich, kann auch Gerstenschleim oder Tee gegeben werden.

§ 96. Der Genuß geistiger Getränke und der Tabakgenuß ist den Gefangenen nicht gestattet.

§ 97. Die Kost und die Getränke für erkrankte Gefangene bestimmt der Vorsteher nach Bedarf.

§ 98. Die Selbstbeköstigung eines Gefangenen bestimmt der Vorsteher nach Art und Menge.

§ 99. Lieferern von Lebensmitteln für die Selbstbeköstigung der Gefangenen und ihren Angestellten ist der Zutritt zur Anstalt zu versagen, wenn sie gegen die Anstaltsordnung verstoßen.

---

[1]) Wörtlich: »ackerfarbene«.

[2]) 1 Go = 182 gr.

[3]) 1 Sen = 2 Pfennigen.

Der Vorsteher kann die Lieferung von Lebensmitteln zur Selbstbeköstigung der Gefangenen bestimmten Lieferern übertragen.

§ 100. Die zur Selbstbeköstigung bestimmten Lebensmittel sind von dem Anstaltsarzt in Gegenwart eines Anstaltsbeamten zu prüfen.

§ 101. Gefangene in Gemeinschaftshaft, die sich selbst beköstigen, sollen, soweit möglich, ihre Speisen in einem hierzu bestimmten Raume einnehmen.

Abschnitt VIII.

Gesundheitspflege und ärztliche Behandlung.

§ 102. In den Gefangenanstalten ist auf peinliche Sauberkeit zu achten, insbesondere müssen die Kleidung, das Bettlager und die zum persönlichen Gebrauch der Gefangenen bestimmten Gegenstände in regelmäßigen Zeitabschnitten in geeigneter Weise keimfrei gemacht werden.

§ 103. Das Kopfhaar eines Gefangenen soll mindestens einmal monatlich geschnitten werden, der Bart ist mindestens einmal in 10 Tagen zu rasieren, soweit nicht besondere Umstände Anlaß geben, hiervon abzuweichen.

Das Kopfhaar von Frauen darf nur geschnitten werden, wenn dies aus besonderen Gründen nötig ist.

§ 104. Kopfhaar, das nicht kurz geschnitten ist, soll stets sauber gekämmt werden.

Frauen kann der Gebrauch von Haarpflegemitteln gestattet werden.

§ 105. Der Vorsteher bestimmt unter Berücksichtigung der Arbeit der Gefangenen und sonstiger Umstände, wie oft die Gefangenen zu baden haben; vom Juni bis zum September muß aber mindestens jeden fünften Tag einmal gebadet werden, vom Oktober bis zum Mai mindestens jede Woche einmal.

§ 106. Den Gefangenen muß, außer bei schlechtem Wetter, täglich bis zur Dauer von 30 Minuten Gelegenheit zur Bewegung im Freien gegeben werden. Dies gilt nicht für Gefangene, bei denen nach Maßgabe ihrer Arbeit ein Bedürfnis hierfür nicht besteht.

Die Bewegung im Freien kann für Gefangene in Einzelhaft bis zur Dauer einer Stunde ausgedehnt werden.

Strafgefangene können während der Bewegung im Freien zu Turnübungen angehalten werden.

§ 107. Gefangene unter 18 Jahren in Einzelhaft müssen mindestens einmal innerhalb 30 Tagen vom Anstaltsarzt untersucht werden, andere Gefangene mindestens einmal innerhalb von 3 Monaten, Gefangene in Gemeinschaftshaft mit einer Strafzeit von mehr als einem Jahre mindestens einmal innerhalb von sechs Monaten.

§ 108. Gefangene unter 18 Jahren sollen bei der ärztlichen Behandlung und in der Krankenabteilung von anderen Gefangenen getrennt gehalten werden.

§ 109. Ein Gefangener in Einzelhaft, der erkrankt, ist, soweit möglich, in seiner Zelle zu behandeln; muß er in die Krankenabteilung verlegt werden, so soll er auch hier möglichst in einer Einzelzelle untergebracht werden.

§ 110. Beim Auftreten einer ansteckenden Krankheit müssen alsbald alle Maßnahmen getroffen werden, um eine Einschleppung der Krankheit in die Anstalt zu verhindern; Gefangene, die aus dem verseuchten Ort stammen oder ihn berührt haben, müssen nach ihrer Aufnahme mindestens eine Woche lang abgesondert gehalten werden; Sachen, die sie mitbringen, müssen entkeimt werden.

§ 111. Zur Vorbeugung gegen ansteckende Krankheiten können die Gefangenen, soweit nötig, der Pockenschutzimpfung oder einer sonst erforderlichen Serumbehandlung unterworfen werden.

§ 112. Beim Auftreten einer ansteckenden Krankheit können die Annahme von Geschenken und der Ankauf von Lebensmitteln durch die Gefangenen vorübergehend untersagt werden.

§ 113. Erkrankt ein Gefangener an einer ansteckenden Krankheit, so ist sofort zu veranlassen, daß er von anderen Gefangenen abgesondert und daß seine Sachen sorgfältig entkeimt werden. Die näheren Umstände sind dem Justizminister anzuzeigen.

Eine gleiche Mitteilung ist der Kommunal- und der Polizeibehörde des Bezirkes zu machen, in dem die Anstalt liegt.

§ 114. Soll ein Gefangener gemäß § 43 des Strafvollzugsgesetzes in ein Krankenhaus überführt werden, so hat der Vorsteher unter Vorlage eines Zeugnisses des Anstaltsarztes und der Aufnahmevereinbarung mit dem Krankenhause, in das der Gefangene überführt werden soll, die Genehmigung des Justizministers hierzu einzuholen.

§ 115. Ist ein Gefangener in ein Krankenhaus überführt worden, so hat der Vorsteher sein Befinden und Verhalten täglich durch einen Anstaltsbeamten überwachen zu lassen.

§ 116. Der Gefangene ist unverzüglich wieder in die Gefangenanstalt zurückzunehmen, sobald sein Aufenthalt im Krankenhaus nicht mehr erforderlich ist; dem Justizminister ist Anzeige hiervon zu erstatten.

§ 117. Der Vorsteher kann, wenn der Zustand des Gefangenen es nötig macht, neben dem Anstaltsarzt einen zweiten Arzt zu seiner Behandlung heranziehen.

Bei der Niederkunft einer weiblichen Gefangenen kann der Vorsteher nötigenfalls eine Hebamme zuziehen.

§ 118. Ist die Erkrankung des Gefangenen gefährlicher Natur, so sind seine Hausangehörigen oder Verwandten zu benachrichtigen; handelt es sich um einen Untersuchungsgefangenen, so ist auch dem Staatsanwalt Nachricht zu geben.

§ 119. Eine Frau kann während der beiden letzten Monate ihrer Schwangerschaft und bis zur Dauer eines Monats nach ihrer Entbindung wie eine erkrankte Gefangene behandelt werden.

Abschnitt IX.

Besuche und Schriftverkehr.

§ 120. Personen unter 14 Jahren wird der Besuch von Gefangenen nicht gestattet.

§ 121. Die Dauer eines Besuchs wird auf 30 Minuten beschränkt. Dies gilt nicht für die Besuche des Verteidigers.

§ 122. Besuch wird nur während der Dienststunden zugelassen.

§ 123. Haftgefangene dürfen alle 10 Tage einmal Besuch empfangen, Gefängnisgefangene monatlich einmal, Zuchthausgefangene jeden zweiten Monat einmal.

§ 124. Wenn besondere Umstände dazu Anlaß geben, kann der Vorsteher von den Beschränkungen der §§ 120—123 absehen.

§ 125. Sucht jemand um die Erlaubnis zum Besuch eines Gefangenen nach, so hat er seinen Namen, Stand, Beruf und Wohnort, sein Lebensalter, seine Beziehungen zu dem Gefangenen und den Zweck der nachgesuchten Unterredung anzugeben. Wird der Besuch gestattet, so sind dem Besucher die Besuchsvorschriften bekanntzugeben.

Der Verteidiger des Gefangenen braucht nur seinen Namen, seinen Beruf und seinen Wohnort anzugeben; handelt es sich um einen Verteidiger, der der gerichtlichen Bestätigung bedarf [1]), so hat er auch diese nachzuweisen.

§ 126. Besuche werden nur im Besuchszimmer der Anstalt entgegengenommen.

Ein Gefangener, der krankheitshalber nicht das Besuchszimmer aufsuchen kann, darf den Besuch in seinem Haftraum empfangen.

§ 127. Besuche dürfen nur in Gegenwart eines Anstaltsbeamten stattfinden.

§ 128. Der Gebrauch fremdsprachiger Worte beim Besuch ist ohne Genehmigung des Vorstehers nicht zulässig.

§ 129. Haftgefangene dürfen alle 10 Tage, Gefängnisgefangene monatlich, Zuchthausgefangene alle 2 Monate einmal je einen Brief schreiben und empfangen.

Wenn besondere Umstände dazu Anlaß geben, kann der Vorsteher von der Einhaltung dieser Fristen absehen.

§ 130. Briefe, die ein Gefangener schreibt und empfängt, werden von dem Vorsteher geprüft. Die ausgehenden Briefe sind dem Vorsteher unverschlossen vorzulegen; die für den Gefangenen eingehenden Briefe werden vom Vorsteher geöffnet und mit seinem Siegel gezeichnet [2]).

§ 131. Briefe in ausländischer Sprache können zur Prüfung auf Kosten des Gefangenen übersetzt werden.

---

[1]) Vgl. § 138 der deutschen StrPO. (n. F.).

[2]) Japanische kulturelle Eigentümlichkeit. Die Zeichnung mit dem oft kunstvoll in Stein geschnittenen, gegen Nachahmungen ebenso kunstvoll geschützten Siegel ersetzt viefach die handschriftliche Unterzeichnung.

Wenn der Gefangene hierfür keine Mittel hat oder ausgeben will, so werden die Briefe nicht ausgehändigt und abgesandt.

§ 132. Die Gefangenen dürfen, außer in dringenden Fällen, nur am Sonntag, am Ruhetag oder in der täglichen Ruhestunde Briefe schreiben.

§ 133. Für Gefangene, die nicht selbst schreiben können, hat auf ihren Wunsch ein Anstaltsbeamter die Briefe zu schreiben.

§ 134. Die Briefe der Gefangenen werden auf ihre eigenen Kosten abgesandt. Antwortschreiben eines Gefangenen an das Gericht oder sonst eine öffentliche Behörde werden auf Kosten der Anstalt abgesandt, wenn der Gefangene keine Mittel dafür besitzt.

Briefpapier und Briefumschläge können von der Anstalt zur Verfügung gestellt werden.

§ 135. Eingehende Briefe und sonstige Schriftstücke können dem Gefangenen, je nachdem es nötig ist, bis zu 10 Tagen belassen werden.

§ 136. Prüfung, Absendung und Aushändigung der Briefe sind möglichst zu beschleunigen.

§ 137. Die Absendung, Aushändigung und Vernichtung [1]) der Briefe wird unter Angabe des Tages in den Personalakten des Gefangenen vermerkt.

§ 138. Briefe, die über die nach § 129 zulässige Zahl hinausgehen, können, wenn es sich um Briefe handelt, die der Gefangene geschrieben hat, ihm zurückgegeben werden; wenn es sich um Briefe handelt, die für ihn eingehen, vorläufig zu den Personalakten genommen werden; sie brauchen dann erst nach Ablauf der vorgeschriebenen Zeit, in der Reihenfolge ihres Einganges, ihm ausgehändigt werden.

Briefe, deren Absendung oder Empfang nach § 47 Abs. 1 des Strafvollzugsgesetzes unzulässig ist, sollen zu den Personalakten genommen und, wenn sie nicht vernichtet werden, dem Gefangenen bei der Entlassung ausgehändigt werden.

§ 139. Für den Vollzug bedeutsame Tatsachen, die gelegentlich der Überwachung des Besuchs- und Briefverkehrs des Gefangenen zur Kenntnis der Anstalt gelangen, sind ihrem wesentlichen Inhalt nach in seinen Personalakten zu vermerken.

Abschnitt X.

Eingebrachte und eingehende Sachen.

§ 140. Die für den Gefangenen verwahrten Sachen sind unter näherer Bezeichnung nach Art und Menge im Verwahrbuch einzutragen. Der Vorsteher muß die Eintragungen mit seinem Siegel zeichnen.

§ 141. Die verwahrten Sachen können mit Ausnahme des baren Geldes auf Antrag des Gefangenen verkauft werden. Damit tritt der Erlös an ihre Stelle.

---

[1]) Vgl. § 47 Abs. 2 des Str.Vollz.Ges.

Wenn der Gefangene über Sachen, die zur Verwahrung nicht oder nicht mehr geeignet sind, nicht in angemessener Weise verfügt, so kann mit ihnen auch ohne seinen Antrag in gleicher Weise verfahren werden.

§ 142. Zeitungen und sonstige Schriften, die Tagesereignisse erörtern [1]), sowie Sachen, die sich mit der Anstaltsordnung nicht vertragen, sind als Geschenk für Gefangene nicht zulässig.

§ 143. Als Geschenk für Gefangene werden nur folgende Sachen zugelassen: Schriften, die nach ausdrücklicher Bestimmung im Gesetz oder in einer Verordnung oder nach dem Ermessen des Vorstehers für den Gefangenen von Wert sind, ferner Schreibgerät und -papier, Stempelmarken, Briefmarken, Postkarten, Geld und sonstige Gegenstände, die der Justizminister außerdem noch für zulässig erklärt. Diese Beschränkung gilt nicht für die eigenen Sachen, die dem Gefangenen genehmigt sind.

§ 144. Für Untersuchungsgefangene sind außer den vorerwähnten Sachen als Geschenk nur Kleidungsstücke, Lagerungsgegenstände, Nahrungsmittel, Hand- und Taschentücher und Schuhzeug zulässig.

§ 145. Auf Kleidungsstücke und Lagerungsgegenstände findet hierbei die Bestimmung im § 92 entsprechende Anwendung, auf Nahrungsmittel die Bestimmung im § 98.

§ 146. Sucht jemand um die Erlaubnis nach, einem Gefangenen etwas schenken zu dürfen, so sind sein Name, Stand, Beruf und Wohnort festzustellen.

§ 147. Gegenstände, die einem Gefangenen zugehen oder als Geschenk für ihn eingehen, sind von einem Aufsichtsbeamten in Gegenwart eines Oberaufsehers zu prüfen.

Bei der Prüfung von Lebensmitteln ist der Anstaltsarzt zuzuziehen.

§ 148. Auf Sachen, deren Ankauf oder Annahme als Geschenk an sich zulässig ist, deren Aushändigung im Einzelfall aber nicht tunlich erscheint, finden die Vorschriften über die Verwahrung eingebrachter Sachen entsprechende Anwendung.

§ 149. Die Bestimmungen über die Verwahrung finden auf Lebensmittel keine Anwendung.

§ 150. Wenn Sachen beschlagnahmt oder vernichtet werden, so sind sie nach Art und Menge einzeln zu bezeichnen und unter Angabe des Grundes der Maßnahme und des Tages ihrer Ausführung im Verzeichnis der beschlagnahmten und vernichteten Gegenstände zu vermerken; der Vorsteher muß die Eintragung mit seinem Siegel zeichnen.

§ 151. Wohnt derjenige, der berechtigt ist, die Herausgabe der Sachen eines verstorbenen Gefangenen zu fordern, von der Anstalt entfernt, so können auf seinen Antrag die Sachen verkauft und ihr Erlös ihm zugesandt werden. Die Kosten der Zusendung hat der Empfänger zu tragen.

---

[1]) Vgl. § 86 dieser Verordnung.

Abschnitt XI.
Vergünstigungen und Hausstrafen.

§ 152. Gefangene, die in den Genuß von Vergünstigungen treten, erhalten besondere Abzeichen.

Die Vergünstigungsgruppen dürfen drei Stufen nicht übersteigen.

§ 153. Das Abzeichen besteht aus einem Streifen aus weißem Tuch von 6 cm Länge und 3 cm Breite, der auf den Rock zwischen Schulter und Ellbogen des linken Ärmels genäht wird.

§ 154. Folgende Vergünstigungen sind zulässig:

1. Verkürzung der in den §§ 123 und 129 vorgesehenen Fristen für Besuch und Briefverkehr auf die Hälfte der Zeit;
2. Benutzung eigener Leibwäsche;
3. Wechsel der Arbeit;
4. ein Zuschlag von 20 % je Stufe zu der nach § 71 berechneten Arbeitsbelohnung;
5. Zusatzlebensmittel zur Beköstigung.

§ 155. Gefangene, denen die gewährten Vergünstigungen auf unbeschränkte Zeit wieder entzogen werden, haben das Vergünstigungsabzeichen abzulegen. Gefangene, denen die gewährten Vergünstigungen auf bestimmte Zeit entzogen werden, haben das Vergünstigungsabzeichen für diese Zeit abzulegen.

§ 156. In folgenden Fällen kann einem Gefangenen eine Belohnung bis zum Betrage von 50 Sen [1]) gewährt werden:

1. wenn er Anzeige davon macht, daß ein anderer Gefangener im Begriff ist, zu entweichen;
2. wenn er einen Menschen aus Lebensgefahr rettet oder sich bei der Wiederergreifung eines entweichenden Gefangenen beteiligt;
3. wenn der Gefangene bei gemeiner Gefahr oder bei dem Ausbruch einer ansteckenden Krankheit sich in besonders verdienstvoller Weise für die Anstalt betätigt.

§ 157. Die Strafe der Kostschmälerung besteht darin, daß die tägliche Kostmenge um die Hälfte bis zwei Drittel verringert wird.

§ 158. Ein Gefangener, gegen den eine Untersuchung wegen eines Verstoßes gegen die Anstaltsordnung schwebt, ist in einer Einzelzelle oder einer Schlafzelle unterzubringen.

§ 159. Die Hausstrafen werden vom Vorsteher verhängt.

§ 160. Hausstrafen sind ohne Aufschub zu vollstrecken.

Ein Gefangener, gegen den Verlust der Bewegung im Freien, Kostschmälerung oder Arrest verhängt wird, ist vom Anstaltsarzt zu untersuchen. Die Strafe darf nur vollzogen werden, wenn gesundheitliche Nachteile davon nicht zu erwarten sind.

§ 161. Während des Vollzuges der Kostschmälerung und des Arrestes ist der Gefangene vom Anstaltsarzt in bestimmten Zeitabständen zu untersuchen.

---

[1]) 1 Sen = 2 Pfennigen.

§ 162. Gegen einen Gefangenen, der einer gerichtlichen Vorladung zu folgen hat, ist an dem betreffenden Tage der Vollzug von Kostschmälerung und Arrest auszusetzen. Wird der Gefangene in einem solchen Falle nach einer andern Anstalt überführt, so ist der Vollzug von Kostschmälerung und Arrest von dem der Überführung vorangehenden Tage an bis zur Beendigung der Überführung auszusetzen.

Die Tage, an denen der Vollzug ausgesetzt wird, scheiden bei der Berechnung der Dauer der Hausstrafe aus.

§ 163. Ein Gefangener, an dem Verlust der Bewegung im Freien, Kostschmälerung oder Arrest vollzogen worden ist, ist anschließend alsbald vom Anstaltsarzt zu untersuchen.

§ 164. Ist ein Gefangener, gegen den eine Hausstrafe verhängt worden ist, in eine andere Anstalt überführt worden, so ist mit dem Vollzug der Hausstrafe hier innerhalb 3 Tagen nach der Aufnahme zu beginnen.

Die Tage zwischen der Aufnahme in die Anstalt und dem Beginn des Vollzuges werden in die Hausstrafzeit nicht mit eingerechnet.

§ 165. Gefangene, die während der Überführung in eine andere Anstalt gegen die Ordnung verstoßen, können dafür von dem Vorsteher dieser Anstalt bestraft werden.

§ 166. Diejenigen Tatsachen, auf Grund deren eine Vergünstigung gewährt oder eine Hausstrafe verhängt wurde, sind in den Personalakten zu vermerken, Hausstrafen auch im Hausstrafbuch.

Abschnitt XII.

Entlassung.

§ 167. Ein Strafgefangener, der wegen des Ablaufs seiner Strafzeit entlassen werden soll, ist während der letzten 3 Tage in eine Einzelzelle zu verlegen und vom Vorsteher zu guter Führung nach der Entlassung zu ermahnen.

§ 168. Kommt ein Strafgefangener wegen des Ablaufs seiner Strafzeit zur Entlassung, so ist spätestens am 10. Tage vor seiner Entlassung zu prüfen, was zur Fürsorge für ihn für die Zeit nach seiner Entlassung zu veranlassen ist.

§ 169. Soweit es angezeigt erscheint, sind die Polizeibehörde oder die Kommunalbehörde des Wohnortes des zur Entlassung Kommenden oder diejenige Person, unter deren Obhut er tritt, über die Persönlichkeit des Entlassenen und seine Führung in der Anstalt unter Mitteilung der etwa zu empfehlenden Fürsorgemaßnahmen für ihn zu unterrichten.

§ 170. Die für den Gefangenen verwahrten Sachen und seine Arbeitsbelohnung sind zur Aushändigung bereit zu halten.

§ 171. Soweit es einem Gefangenen an der erforderlichen Kleidung fehlt, ist sie von dem für ihn verwahrten Gelde, von seiner Arbeitsbelohnung oder aus sonstigen Mitteln, die er hat, rechtzeitig zu beschaffen. Stehen ihm Mittel dafür nicht zur Verfügung, so hat die Anstalt die erforderliche Kleidung zu gewähren.

§ 172. Sofern es angezeigt erscheint, ist der Entlassene durch einen Anstaltsbeamten zum Bahnhof oder zur Schiffshaltestelle zu begleiten, und es ist ihm dort erst die Fahrkarte nach seinem Wohnort oder dem ihm nächstgelegenen Haltepunkt zu übergeben.

§ 173. Wenn ein Strafgefangener die Voraussetzungen [1]) für eine vorläufige Entlassung erfüllt, so hat der Vorsteher über die Führung des Gefangenen und seine Lebensverhältnisse unter Beifügung einer Abschrift des Strafurteils und des Vollstreckungsersuchens an den Justizminister zu berichten.

Der Bericht über einen Strafgefangenen, der von einem Kriegsgericht verurteilt worden ist, ist dem Justizminister und dem Kriegsminister oder dem Marineminister zu erstatten.

§ 174. Wird ein Gefangener vorläufig entlassen, so hat der Vorsteher ihm die Entlassung förmlich zu eröffnen [2]) und ihm einen Ausweis auszustellen.

§ 175. Liegen die im § 29 Ziff. 1 bis 3 des Strafgesetzbuches bezeichneten Voraussetzungen [3]) für den Widerruf der vorläufigen Entlassung vor, so hat der Vorsteher unverzüglich unter Stellungnahme dazu dem Justizminister zu berichten [4]).

§ 176. Die Bestimmungen der §§ 173 und 174 finden auf die vorläufige Entlassung nach § 30 des StrGB. entsprechende Anwendung.

---

[1]) § 28 d. StrGB. v. 24. April 1907; vgl. Anm. zu § 67 des Str.Vollz.Ges.

[2]) Vgl. § 83 dieser Verordnung.

[3]) StrGB. vom 24. April 1907:

§ 29, Abs. I. Die vorläufige Entlassung kann in folgenden Fällen widerrufen werden:

1. Wenn der Entlassene vor der endgültigen Entlassung eine neue Straftat begangen hat und zu Geldstrafe oder einer schwereren Strafe verurteilt worden ist *);

2. wenn er wegen einer vor der vorläufigen Entlassung begangenen Straftat zu Geldstrafe oder einer schwereren Strafe verurteilt worden ist;

3. wenn er vor der vorläufigen Entlassung wegen einer anderen Straftat zu Geldstrafe oder einer schwereren Strafe verurteilt worden war und diese Strafe nun vollstreckt werden soll;

4. wenn er den Bestimmungen für vorläufig Entlassene zuwiderhandelt **).

§ 30. Ein zu Haftstrafe Verurteilter kann, wenn es nach den Umständen angezeigt erscheint, jederzeit durch Anordnung der Verwaltungsbehörde vorläufig entlassen werden.

Dies gilt auch für diejenigen Gefangenen, die eine Haftstrafe als Ersatz für eine Geldstrafe oder Geldbuße *), die sie nicht zu bezahlen vermochten, zu verbüßen haben.

*) Das japanische Strafgesetzbuch kennt als Hauptstrafen: Todesstrafe, Zuchthausstrafe, Gefängnisstrafe, Geldstrafe (mindestens 20 Yen = 40 RM.), Haftstrafe, Geldbuße (mindestens 10 Sen = 20 Pfennigen). Die Reihenfolge entspricht ihrer Wertung als »schwerere« und »leichtere« Strafen (vgl. § 9 StrGB.).

**) Vgl. Anm. zu § 67 des Str.Voll.Ges.

[4]) Der tatsächl. Widerruf wird nicht vom Justizminister ausgesprochen, sondern ist richterlicher Akt; das gilt auch für den Widerruf in den Fällen des § 30 des Str.G.B. (s. o. Anm. 3).

Abschnitt XIII.

Todesstrafe und Behandlung der Leichen Verstorbener.

§ 177. Wenn ein Gefangener gestorben ist, hat der Vorsteher den Leichnam zu besichtigen.

Ist der Gefangene an einer Krankheit verstorben, so hat der Anstaltsarzt im Sterbebuch die Art der Krankheit, die Krankheitsgeschichte, die Todesursache und den Todestag einzutragen und mit seinem Namen zu unterschreiben [1]).

Hat ein Gefangener Selbstmord begangen oder ist er sonst eines nicht natürlichen Todes gestorben, so ist der Polizeibehörde zum Zweck der Leichenschau Anzeige zu erstatten; Stand und Namen des Leichenschauers und des bei der Leichenschau anwesenden Anstaltsbeamten, sowie das Ergebnis der Leichenschau sind im Sterbebuch zu vermerken.

§ 178. Die Art der Krankheit, die Todesursache und der Todestag eines Verstorbenen sind unverzüglich seinen Hausangehörigen oder Verwandten, und wenn es sich um einen Untersuchungsgefangenen handelt, auch dem Staatsanwalt mitzuteilen.

§ 179. Der Leichnam eines verstorbenen Strafgefangenen kann zur Sektion einer Klinik, einer Unterrichtsanstalt oder einer öffentlichen Behörde, die vom Justizminister hierzu ermächtigt worden ist, ausgefolgt werden, wenn nicht innerhalb 24 Stunden nach dem Tode die Herausgabe von einem hierzu Berechtigten gefordert wird.

Die Herausgabe zur Sektion ist, auch wenn niemand die Herausgabe des Leichnams gefordert hat, unzulässig, sofern damit zu rechnen ist, daß die Herausgabe nachträglich noch verlangt werden wird, oder wenn der Verstorbene bei Lebzeiten seiner Sektion widersprochen hat.

§ 180. Die Herausgabe des Leichnams oder seine Übergabe zur Sektion sind im Sterbebuch zu vermerken.

§ 181. Wird der Leichnam nicht innerhalb von 24 Stunden nach dem Tode abgefordert, so ist er, unbeschadet der Vorschrift im § 179, auf dem Anstaltsfriedhof vorläufig zu bestatten.

Ist der Leichnam verbrannt worden, so gilt dies auch für die Asche.

Auf der Bestattungsstelle ist ein Grabholz mit dem Namen des Verstorbenen und seinem Todestage anzubringen.

§ 182. Nach der Beisetzung des Leichnams oder der Asche in einem gemeinsamen Grabe sind die Namen und die Todestage der betreffenden Verstorbenen in dem Verzeichnis der gemeinsam Bestatteten zu vermerken. Auf dem gemeinsamen Grab ist ein Denkzeichen zu errichten.

Das Denkzeichen soll von Stein sein.

Schlußbestimmung.

Diese Verordnung tritt am gleichen Tage wie das Strafvollzugsgesetz in Kraft [2]).

---

[1]) Zeichnung mit dem Handsiegel (vgl. §§ 130, 140, 150) genügt hier nicht.

[2]) 1. Oktober 1908.

FSC
www.fsc.org
MIX
Papier | Fördert gute Waldnutzung
FSC® C083411

Kolibri 360 GmbH
Ferdinand-Jühlke-Straße 7
99095 Erfurt, Deutschland
produktsicherheit@kolibri360.de